PUBLICATION DE LA RÉUNION DES OFFICIERS.

ÉTUDES MILITAIRES HISTORIQUES

D'APRÈS LES ARCHIVES DU DÉPOT DE LA GUERRE

III

LE

SIÉGE DE MAËSTRICHT

L'ARMÉE DE SAMBRE-ET-MEUSE

PENDANT LA CAMPAGNE D'AUTOMNE DE 1794

PAR

E. HARDY

CAPITAINE ADJUDANT-MAJOR AU 130e DE LIGNE

AVEC 7 PLANS.

PARIS

IMPRIMERIE ET LIBRAIRIE MILITAIRES

J. DUMAINE

RUE ET PASSAGE DAUPHINE, 30

1878

LE

SIÉGE DE MAËSTRICHT

EN 1794.

Paris. — Imprimerie de J. Domaine, rue Christine. 2.

LE

SIÉGE DE MAËSTRICHT

L'ARMÉE DE SAMBRE-ET-MEUSE

PENDANT LA CAMPAGNE D'AUTOMNE DE 1794

PAR

E. HARDY

CAPITAINE ADJUDANT-MAJOR AU 130e DE LIGNE

AVEC 7 PLANS.

Extrait du Journal des Sciences militaires.
(Février-Mars-Mai 1878.)

PARIS

IMPRIMERIE ET LIBRAIRIE MILITAIRES

J. DUMAINE

RUE ET PASSAGE DAUPHINE, 30

1878

LE SIÉGE DE MAËSTRICHT.

L'ARMÉE DE SAMBRE-ET-MEUSE

PENDANT LA CAMPAGNE D'AUTOMNE DE 1794.

I

FIN DE LA CAMPAGNE D'ÉTÉ.

1. Occupation de Bruxelles. — 2. Positions respectives des armées. — 3. Prise des quatre places du Nord par Schérer. — 4. Instructions de Carnot pour la campagne d'automne. — 5. Forces de Clairfayt et de Jourdan. — 6. Jourdan prend l'offensive le 17 septembre; combat de Lawfeld. — 7. Bataille de Sprimont. — 8. Retraite de Clairfayt derrière la Roër. — 9. Nouvelles instructions du comité.

1. « [1] Après la mémorable bataille de Fleurus (26 juin 1794), les armées coalisées de l'Autriche, de l'Angleterre et de la Hollande, successivement chassées du camp de Rœulx, du *Mont-Palisel* (1er juillet), de Mons et de Tournay, virent s'opérer à Ath, le 10 juillet, la jonction des armées du Nord et de Sambre-et-Meuse, sans pouvoir y apporter d'obstacles.

Les deux généraux en chef, Pichegru et Jourdan, réunis à Bruxelles quelques jours après, convinrent que leurs armées travailleraient de concert à repousser l'ennemi au-delà de la Dyle et de la Nèthe, et qu'elles menaceraient à la fois Anvers et Namur.

Dans ce but ils choisirent, entre la Meuse et l'Escaut, une position aussi savante que remarquable par l'étendue de son front.

Namur et Anvers étant tombées, le 16 et le 17 juillet, en notre pouvoir, l'armée du Nord se porta vers l'Escaut et fit déjà pressentir ses projets sur la Hollande.

L'armée de Sambre-et-Meuse, après avoir séjourné quelques temps entre la Meuse et la Demer, battit le prince de Cobourg à la *Montagne de fer* près de Louvain, puis à Tirlemont et à Tongres; elle entrait à Liége, le 27 juillet.

---

[1] Sous ce titre : *Le Siége de Maëstricht*, le général Hardy, un des officiers les plus distingués de l'armée de Sambre-et-Meuse, a écrit un important mémoire sur la deuxième partie de la campagne de 1794, entre la Meuse et le Rhin. Nous publions ce manuscrit *in extenso*, en le complétant par les documents authentiques empruntés aux archives du Dépôt de la guerre.

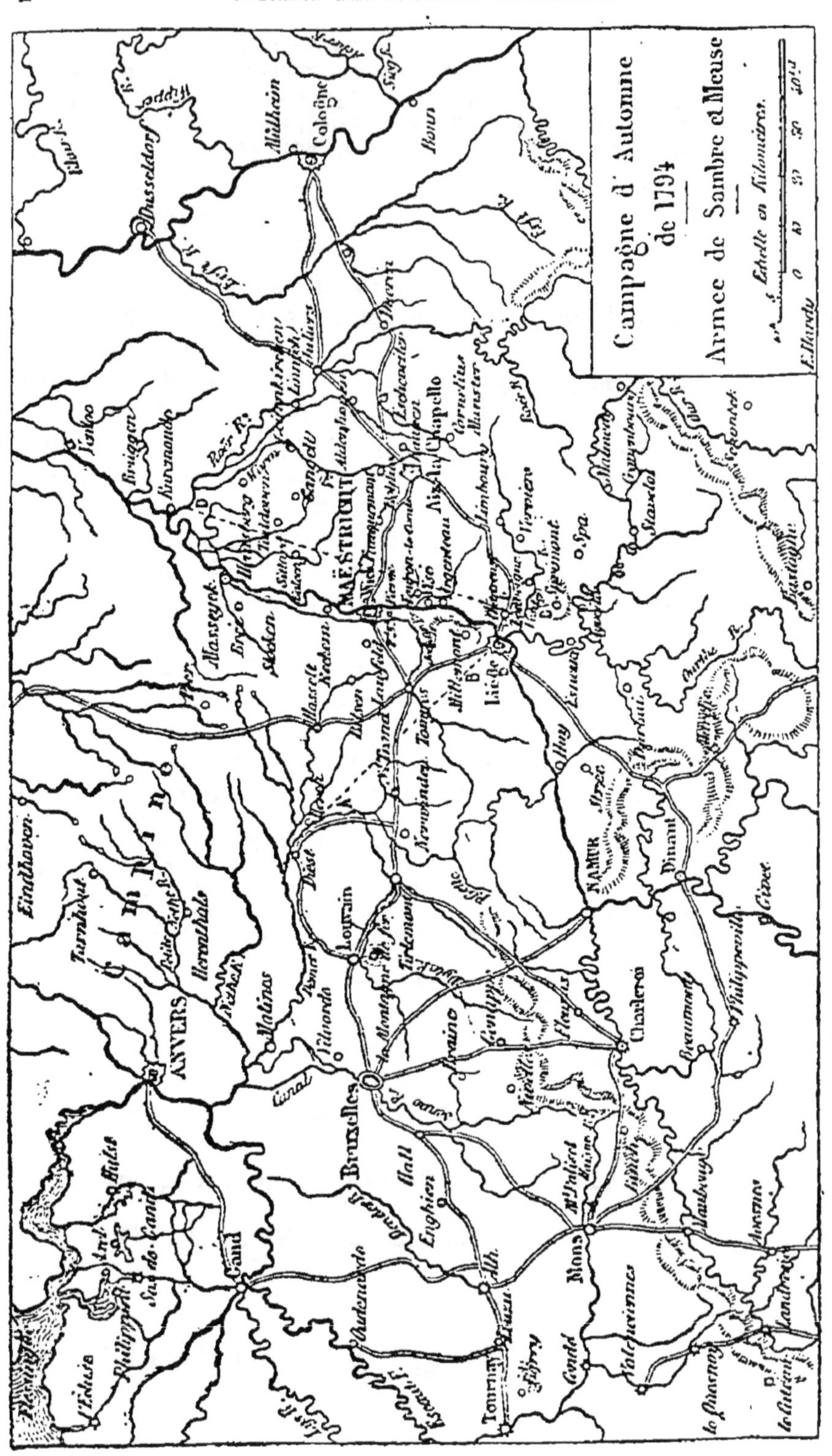

A. B. Front de l'armée de Sambre et Meuse, au 28 Juillet. — C. D. Front de l'armée de Clayrfait.

2. «. Le général Jourdan, prévenu que l'ennemi avait l'intention de l'attaquer par Diest, se hâta d'y établir un camp volant de 600 hommes aux ordres du chef de brigade Augier. Ce camp devait assurer ses communications avec Bruxelles et couvrir sa gauche, qui s'appuyait à la Demer à la hauteur de Herch, tandis que sa droite était à Liége (AB). Tongres et Hasselt étaient occupés par de forts détachements.

Cette position couvrait les quatre places de Landrecies, du Quesnoy, de Valenciennes et de Condé, encore occupées par les Autrichiens, et elle menaçait Maëstricht[1], la seule place importante qui restât, sur la Meuse, aux Impériaux.

L'armée se retrancha fortement dans son camp, pendant qu'on formait les magasins destinés à assurer sa subsistance.

Le prince de Cobourg s'était retiré sur la rive droite de la Meuse, par Maëstricht, Reckem et Stokem; il appuyait sa droite à la Roër, à la hauteur de Ruremonde, et sa gauche à Sprimont, derrière l'Ourthe (CD). Dans l'intervalle il occupait la fameuse position de la Chartreuse de Liége. Il n'avait laissé sur la rive gauche de la Meuse qu'un corps de 12,000 hommes (Kray), campé sous le canon de Maëstricht.

C'était une erreur de croire que ce corps suffirait pour mettre à l'abri de l'insulte une place, dont la prise devait livrer à lui-même le pays de Luxembourg, et assurer aux Français leurs quartiers d'hiver, en leur donnant un vaste entrepôt sûr et commode. Disons cependant que Maëstricht était dans un état de défense respectable.

De son côté, Jourdan avait jeté la division Marceau sur la rive droite de la Meuse; elle avait effectué son passage à Namur, et elle campait à Strée, en face d'Huy.

Le général Hardy, avec 6,000 hommes, flanquait la droite de la division Marceau, observait la garnison de Luxembourg et couvrait le pont de Dinant.

---

[1] Maëstricht (*Trajectum ad Mosam*) s'élève sur la rive gauche de la Meuse, qui la sépare du faubourg de Wick; sa citadelle couronne le mont Saint-Pierre, montagne calcaire, située au sud de la ville, entre la Meuse et le Jecker. On en tire une pierre tendre et crayeuse qui a servi, depuis quinze siècles, à la construction de tous les bâtiments du voisinage; aussi les flancs de cette montagne renferment-ils un labyrinthe inextricable d'environ six lieues de circonférence. — Ville déjà importante au IVe siècle, Maëstricht fut prise en 1632 par le prince Frédéric-Henri, qui la céda aux Etats-généraux en 1648; Louis XIV la prit en 1673 et la rendit aux Etats en 1678; prise par les Français en 1748, rendue aux Hollandais par le traité d'Aix-la-Chapelle; bombardée par Miranda en 1793.

3. « Au lendemain de la *victoire du Mont-Palisel*, le Comité de salut public avait réuni à deux divisions de l'armée du Nord, les bataillons que Jourdan avait laissés sur la Sambre, et il avait ainsi formé un corps de 22,000 hommes qui, sous le commandement de Schérer, devait reprendre les quatre places du Nord. Ce corps faisait partie de l'armée de Sambre-et-Meuse.

Landrecies s'étant rendue le 15 juillet, Jourdan, convaincu que les trois autres places ne tarderaient pas à suivre son exemple, fit exécuter à la gauche de l'armée (Kléber) un quart de conversion et il l'établit de Tongres à Bilsen. Hasselt resta occupé par un gros poste de cavalerie, et un camp volant de 6,000 hommes fut placé à Peer, pour maintenir les communications avec l'armée du Nord. Celle-ci, couvrant Anvers, se trouvait alors à hauteur de Turnhout; elle poussait son aile droite jusqu'à Eindhoven. »

4. Après six semaines d'une inaction, dont les armées coalisées n'avaient pas sû profiter pour déboucher de Venloo et de Maëstricht sur les flancs des deux armées françaises, de manière à les séparer et à accabler au moins l'une d'elles, la conquête des trois places du Nord : le Quesnoy (15 août), Valenciennes (29 août), Condé (5 septembre), en rendant disponible le corps de Schérer, décida le Comité de salut public à reprendre les opérations offensives.

Carnot à Gillet.

21 fructidor an II (7 septembre 1794).

...... L'armée de Sambre-et-Meuse doit contenir l'ennemi sur la rive droite de la Meuse et l'empêcher de venir attaquer l'armée du Nord; elle doit aussi observer l'ennemi et le suivre, dans le cas où il marcherait du côté de la Moselle.

Il faut que la *division* Schérer, qui a fait le siége de quatre places envahies, se réunisse promptement à l'armée de Sambre-et-Meuse, et que celle-ci, qui maintenant à ses derrières libres, se hâte de porter un coup décisif à l'ennemi.

Il faut peu à peu faire filer des troupes sur la rive droite de la Meuse et gagner autant que possible les flancs et les derrières de l'armée ennemie qui, déjà pressée par le besoin de subsistances, prendra le parti ou de présenter la bataille ou de se porter sur la Moselle, ou enfin de repasser le fleuve pour attaquer Pichegru.

On préviendra facilement ce dernier projet en laissant quelques troupes sur la rive gauche de la Meuse pour en interdire le passage. Si l'ennemi cherche à livrer bataille on le préviendra en l'attaquant avec la masse entière des forces, à moins qu'il n'ait jugé à propos de se laisser cerner et de laisser couper ses communications, car alors il vaudrait mieux le faire périr par la famine.

Ce n'est pas probable; ce qui l'est davantage, c'est que l'ennemi marchera vers la Moselle avec une partie de son monde. Il faudrait alors attaquer sur-le-champ le reste de son armée avec toutes vos forces réunies; puis, immédiatement après le succès de la bataille, faire marcher une division de 20,000 à 25,000 hommes, à la poursuite de l'ennemi filant sur la Moselle ou sur le Rhin, pour lui livrer une nouvelle bataille dans le pays de Trêves ou celui de Luxembourg.

Il faut en même temps réunir les plus grands moyens pour former le siége de Maëstricht [1], aussitôt après l'action engagée sur la rive droite de la Meuse; *mais il nous faut gagner, avant le siége, une victoire très-complète, afin que l'ennemi ne puisse pas venir au secours de cette place importante.*

Vos opérations doivent être concertées (vous le sentez parfaitement) avec le général Moreau [2], avec lequel il faut par conséquent que vous entreteniez une correspondance active. Vous devez également agir de concert avec l'armée du Nord (Pichegru) dont vous couvrez et favorisez les mouvements sur la droite.

Nous vous avons répondu sur ce qui regarde *Libre-sur-Sambre* [3]: nous avons dit qu'il fallait réduire cette place à n'être plus qu'une forte tête de pont fermée à la gorge, en enlevant les terrassements ou parapets qui font face à la rivière, afin qu'on ne puisse y établir aucune batterie dirigée contre le pays entre Sambre-et-Meuse. Nous avons marqué par des traits de plume les parapets à détruire.

Les sapeurs disponibles seront employés à la démolition des ouvrages de Namur qui sont à détruire, à la réparation des fortifications de *Vedette républicaine* [4], à la formation d'un poste à Beaumont, au siége de Maëstricht, etc.

CARNOT.

---

1 ..... La prise d'une place forte sur la Meuse devenait nécessaire pour appuyer la droite de nos conquêtes, assurer nos quartiers d'hiver, isoler le pays de Luxembourg, prévenir les tentatives de l'ennemi au printemps prochain, et, enfin, pour avoir une grande place d'entrepôt, assurant les opérations ultérieures de la guerre.

La place de Maëstricht réunissait tous ces avantages; le siége en fut résolu.

En d'autres temps, une entreprise aussi considérable, dans une saison aussi avancée, aurait paru tout au moins hasardée, mais nous sommes à l'époque des miracles, et le génie de la République, qui conduit nos heureuses destinées, ne nous fait regarder aucune entreprise comme impossible.

MARESCOT.

2 Commandant l'armée de la Moselle.

3 Charleroi.

4 Philippeville.

5. Le prince de Cobourg avait cédé, le 28 août, le commandement de l'armée impériale au général Clairfayt. Celui-ci, avec l'aide de Beaulieu, son major-général, avait réparti de la manière suivante, depuis Ruremonde jusqu'à Sprimont, les 83,000 hommes dont il disposait :

Aile droite : Werneck, avec 12,400 hommes, à Stockem et à Sittard ;

Kray, avec 10,800 hommes, sous les murs de Maëstricht (de Wilre à Weltdwezelt) ; 4,000 aux environs de Visé.

Corps de bataille : 20,200 hommes, en face de Liége et au camp de la Chartreuse (Robermont).

Aile gauche : Comte de Latour, 28,000 hommes, à Esneux et à Sprimont ; 5,000 à Nauendorf, Montjoie et Blankenheim.

Réserve : 2,600 hommes à Aix-la-Chapelle.

L'armée de Sambre-et-Meuse comptait environ 103,000 hommes[1]. C'étaient, pour la plupart, des recrues mal armées et à peine vêtues, mais elles étaient enflammées d'un ardent patriotisme, et elles avaient la plus grande confiance dans les généraux qui, depuis Fleurus, les conduisaient à la victoire.

« [2] Le service administratif languissait dans un état de délabrement qui se ressentait de l'énormité des masses mises en mouvement, de la multiplication progressive des besoins *et de l'inexpérience des ordonnateurs.*

Le défaut de tentes et de moyens de transport avait fait renoncer à camper sous la toile ; on bivouaquait et l'on cantonnait dans les marches ; au repos on s'abritait sous des baraques de branchages et de paille.

Les magasins de Charleroi, Bruxelles et Namur fournissaient les vivres, et les fourrages ordonnés pour se procurer des bestiaux quand les réquisitions n'y suffisaient pas, s'exécutaient toujours dans le plus grand ordre.

Bien que le pays fût cruellement foulé par l'entretien d'armées aussi nombreuses, les habitants n'étaient point soumis à ces dévastations qui couvrirent plus tard la surface de l'Europe. L'officier, sans appointements, vivait comme le soldat, portant le sac, et il donnait l'exemple du courage, de la résignation et du dévouement[3]. »

---

1 D'après le tableau des rationnaires du 16 septembre 1794, signé par Vuillaume, payeur général de l'armée de Sambre-et-Meuse.

2 Jomini, liv. VII, chap. XXXVIII.

3 Bruxelles, 17 fructidor an II. — Les représentants du peuple près l'armée de Sambre-et-Meuse, considérant l'impossibilité où sont les officiers de se procurer

Au 16 septembre, l'aile droite, sous les ordres de Schérer (*divisions Marceau, Haquin, Mayer, brigade Bonnet; 48 bataillons, 20 escadrons*), faisait face, sur la rive droite de la Meuse, aux positions que le comte de Latour occupait le long de l'Ayvaille.

Le centre (*Lefebvre, Hatry, Championnet, Morlot*), sous le commandement direct de Jourdan, et l'aile gauche, sous Kléber (*divisions Montaigne, Duhesme et Friant*), faisait face à la rive gauche de la Meuse depuis Liége jusqu'à Peer.

6. Conformément aux instructions de Carnot, « [1] Jourdan, qui avait été informé, plusieurs fois encore, que l'ennemi projetait de passer la Meuse et de se jeter dans la Campine, pour menacer, par Diest, sa gauche et ses derrières, résolut de le prévenir en l'attaquant par le point qui paraissait devoir lui inspirer le moins d'inquiétude.

Il conçut le projet audacieux de porter le théâtre de la guerre sur l'Ourthe et sur l'Ayvaille, pays respecté jusqu'alors, à cause des difficultés infinies que présente le terrain coupé d'une multitude de ruisseaux et hérissé de rocs escarpés. »

Jourdan au comité.

Au quartier général, à Tongres, le 26 fructidor (12 septembre).

Je vous préviens que le général Schérer, qui doit être arrivé hier à Namur avec environ 15,000 hommes, a reçu l'ordre de partir aujourd'hui (12 *septembre*) pour se diriger sur Ayvaille en passant par Durbui, afin de chasser les Autrichiens de la rivière d'Ourthe. Le général Marceau partira demain de Strée, où il est campé, pour marcher sur l'Ourthe afin de faire sa jonction avec Schérer; de même, 9 bataillons et un régiment de cavalerie ont quitté leur camp devant Liége pour aller à Huy, d'où ils partiront demain pour passer la Meuse et rallier Schérer.

Ce général disposera ainsi de 30,000 hommes pour chasser l'ennemi de la rivière d'Ourthe, et pour l'attaquer ensuite à la Char-

---

des boissons et des effets d'habillement et d'équipement, attendu *que les étoffes et les cuirs sont en réquisition*, arrêtent :

Les officiers recevront la même distribution d'eau-de-vie et de vinaigre que les soldats et dans la même quantité, les autorisant à prendre, dans les magasins de la République, les effets d'habillement et d'équipement dont ils pourraient avoir besoin, après l'avoir fait certifier par le conseil d'administration de leur bataillon.

La retenue leur en sera faite, en trois mois, par ledit conseil d'administration, par portion égale chaque mois.

GILLET, FRÉCINE, BRIEZ, HAUSSMANN.

[1] Manuscrit du général Hardy.

treuse, de manière à établir notre communication par Liége, ce qui nous permettra de passer facilement sur la rive droite de la Meuse pour livrer bataille.....

Comme la Meuse, qui me sépare de l'ennemi, est une barrière qui m'empêche de l'attaquer de front et de rien entreprendre avant de l'avoir chassé de la Chartreuse, je me porterai de ma personne sur la rive droite de la Meuse, afin de juger par moi-même, et de renforcer Schérer, si cela devient nécessaire.

Marceau avait ordre d'observer les mouvements de l'ennemi dans le pays de Luxembourg (*détachement du général Hardy*); il est certain qu'il n'est rien passé par la route de Marche. Si l'ennemi a fait des mouvements de ce côté, il les a opérés sur ses derrières.

JOURDAN.

Les opérations recommencèrent le 17 septembre.

« [1] Le général Boisset, à la tête d'un corps de cavalerie, vint inquiéter tout le pays compris entre Masseyck et Stokem. La cavalerie de Hasselt se porta sur Reckem, et Kléber, descendant avec ses 3 divisions dans la plaine de *Lawfeld*, culbuta le corps de Kray, l'obligea à abandonner son camp et à se réfugier sous le canon de Maëstricht. »

Relation autrichienne du combat de Lawfeld.

..... Le 17 septembre, les Français ont attaqué les Autrichiens dans toutes leurs positions, depuis Liége jusqu'à Maëstricht. Leur but principal était de déloger le général Kray du camp retranché qu'il occupait en avant de cette dernière place, à une lieue de distance sur la gauche. L'ennemi fit le feu le plus vif et le plus meurtrier sur nos troupes avec 50 pièces de position, et, vers les 11 heures, le général Kray fut obligé de lever son camp et de se retirer sous le canon de Maëstricht. Mais, dans le même instant, le général Clairfayt étant arrivé à son secours avec 4 bataillons, 6 escadrons et 4 pièces de canon, le combat recommença avec une nouvelle vivacité et l'ennemi fut forcé à la retraite, vers les 9 heures du soir, laissant entre les mains des Autrichiens 300 prisonniers (?). On évalue la perte des Français à 1,500 tués (?).

Tandis que l'avantage était si chaudement disputé du côté de Maëstricht, plusieurs corps français de troupes légères essayaient de passer la Meuse en divers endroits, surtout près de Visé et de

---

[1] Manuscrit du général Hardy.

Fouron-le-Comte. Ces tentatives furent partout vivement repoussées par les batteries que les Autrichiens avaient élevées sur le bord de la Meuse; la journée se termina sans qu'aucun parti eût perdu ni gagné un pouce de terrain.

On porte la perte des Autrichiens à 900 hommes tués ou blessés. Deux compagnies autrichiennes ont été surprises et faites prisonnières. (*Extrait d'une lettre d'Aix-la-Chapelle interceptée par les coureurs français.*)

« Ces mouvements firent croire à Clairfayt que l'armée entière voulait tenter le passage de la Meuse entre Masseyck et Visé. En conséquence, il détacha promptement 12,000 hommes de sa gauche pour couvrir toute l'étendue de la rive droite entre ces deux points.

« Une diversion de cette importance n'échappa pas à Jourdan, fort bien renseigné par les reconnaissances de sa cavalerie et par les découvertes de l'aérostat[1]. Il en profita sur-le-champ en donnant à Schérer l'ordre d'attaquer audacieusement, à Sprimont et à Esneux, l'aile gauche de l'armée autro-hollandaise, commandée par le comte de Latour. »

La bataille de Sprimont.

7. La relation de cette remarquable bataille de Sprimont, qui est peut-être *l'exemple le plus frappant de la tactique française dans l'offensive* pendant les guerres de la Révolution, a été écrite par le général Schérer, au lendemain même de sa victoire :

Rapport de Schérer.

..... Le 21 fructidor (7 septembre), je partis de Valenciennes avec 24 bataillons et 10 escadrons, formés en deux colonnes.

Le tout arriva à Namur et vint camper à Fontaines, le 27 (13 septembre). Je me portai de là à Durbui, dont je chassai quelques postes avancés de l'ennemi, et où je séjournai le 28 pour attendre mon artillerie. Le 29, l'avant-garde s'empara du camp de My, occupé par

---

1 L'aérostat s'est élevé, le 28 fructidor (14 septembre), sur l'esplanade de la citadelle de Liége; aussitôt qu'il a été aperçu, toute l'infanterie ennemie s'est mise sous les armes en avant du front de bandière, et la cavalerie est montée à cheval. Il a été aujourd'hui sur les hauteurs de Millemont et de Votème, où il a opéré le même effet. Demain, il se promènera sur la ligne.

Le général de division, chef d'état-major,

ERNOUF.

(*Rapport des marches, campements et opérations de l'armée de Sambre-et-Meuse.*)

quelques bataillons et escadrons ennemis, quelle poussa jusque de l'autre côté de l'Ayvaille. Le même jour, la division Marceau fit sa jonction par Comblaine-au-Pont.

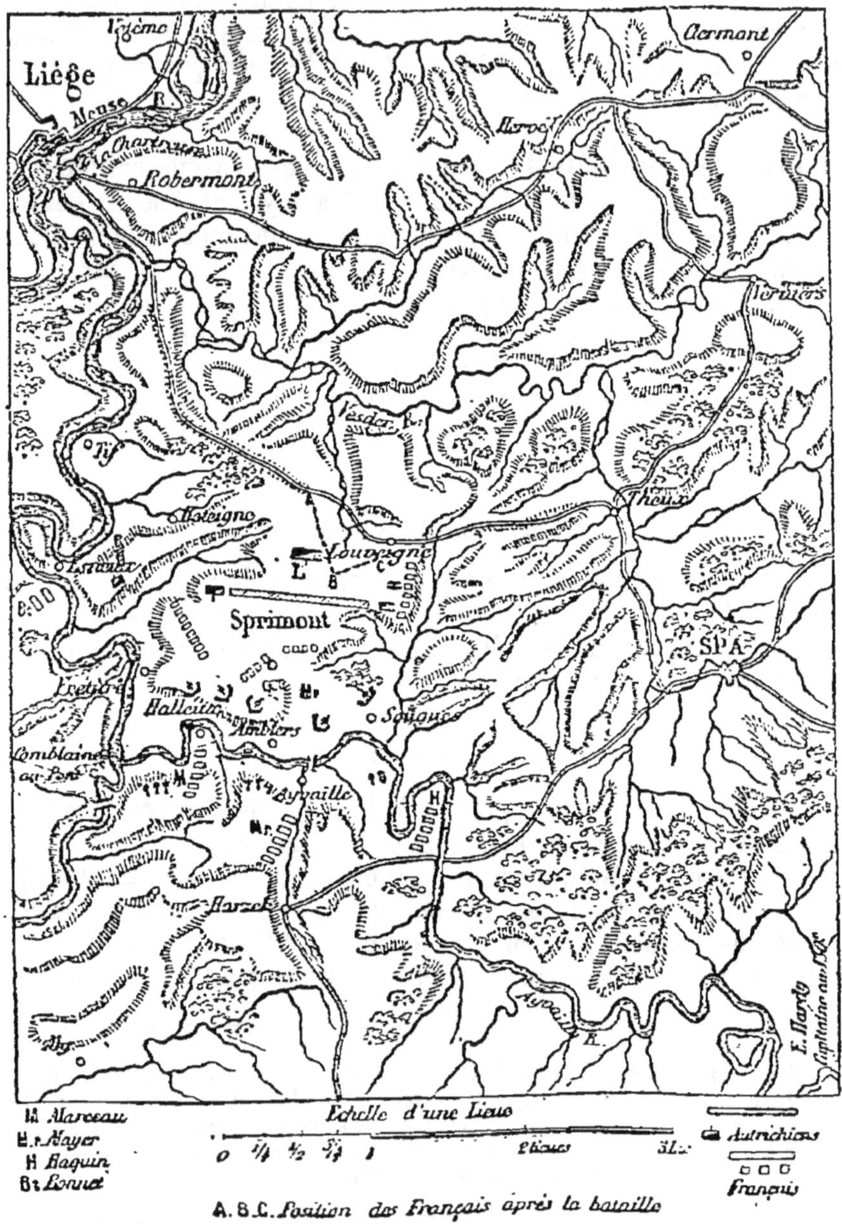

Le 30 (16 septembre), le général en chef Jourdan se rendit à mon quartier général pour examiner avec moi la position de l'ennemi, qui avait rassemblé au camp de Sprimont 25,000 à 26,000 hommes d'infanterie et de cavalerie avec 50 pièces de canon.

Le 30 au soir, il fut décidé que j'attaquerais l'ennemi dans sa position.

La journée du 1er jour complémentaire (17 septembre) fut destinée à prendre tous les arrangements pour livrer bataille à l'ennemi sur toute la ligne.

Le général Clairfayt avait, de son côté, dès le 30 au soir, pris ses dispositions pour une attaque générale : en effet, il y eut un combat assez vif sur toute la ligne française, mais l'ennemi se replia vers le soir sans avoir pu l'entamer.

Le bruit du canon de l'attaque engagea le général Jourdan et le représentant du peuple Gillet, à se rendre en grande hâte à Liége, le 1er jour complémentaire, et je reçus l'ordre d'attaquer le lendemain.

Sur un front d'environ deux lieues, tous les endroits accessibles de la chaîne des hauteurs qui bordent l'Ayvaille étaient retranchés et garnis d'une artillerie nombreuse. On ne pouvait gagner le sommet de ces hauteurs que par trois défilés très-étroits : celui d'Amblers et Halleux, celui d'Ayvaille, où il y a un pont de pierre, et enfin celui de Sougues.

Douze bataillons et une artillerie nombreuse défendaient immédiatement les trois défilés. Dix bataillons, rangés en bataille en arrière de Sprimont et soutenus par 3,000 hommes de cavalerie, servaient à la fois de réserve et de point de ralliement à la première ligne.

L'ennemi disposait encore de 3,000 à 4,000 hommes en arrière et sur le flanc droit de sa position, vis-à-vis d'Esneux, village situé sur l'Ourthe, qui se jette dans la Meuse près de Liége, après avoir coulé entre des rochers escarpés.

La reconnaissance que je fis avec Jourdan de la position ennemie m'engagea à prendre pour l'attaque les dispositions suivantes :

Je partageai mes forces en trois corps.

Le général Marceau, avec le premier, fut chargé d'emporter les hauteurs d'Amblers et d'Halleux. Après avoir forcé le passage, il devait porter toute sa cavalerie sur le flanc droit de l'ennemi pendant que *l'infanterie, se formant sur une seule ligne de petites colonnes d'un bataillon chacune*[1], l'attaquerait de front.

Le général Mayer, avec la deuxième division, fut chargé d'emporter le village d'Ayvaille et les hauteurs de Sprimont, puis de dé-

---

[1] Exemple tactique important à retenir.

boucher sur le centre de l'ennemi, en passant à droite et à gauche du village, dans lequel il devait laisser trois bataillons.

Le troisième corps (Haquin) devait passer le gué de Sougues, s'emparer de ce village, gagner les hauteurs, tourner un bois assez épais et venir prendre l'ennemi sur son flanc gauche, pendant que son centre et sa droite seraient attaqués par les divisions Marceau et Mayer.

L'artillerie de position ne pouvant servir, à cause de la difficulté des chemins, fut placée sous la garde de deux bataillons sur les hauteurs de la rive gauche de l'Ayvaille, afin de protéger les mouvements des trois divisions.

J'avais obtenu que six à huit bataillons et quelques centaines de chevaux seraient détachés, sous le commandement du général Bonnet, de la division Hatry, pour forcer le passage d'Esneux et opérer une diversion favorable à l'attaque principale.

Dans la journée du 17 septembre, les divisions firent leurs dispositions pour ces trois attaques, en les cachant à l'ennemi le plus possible.

Les généraux avaient reçu l'ordre de maintenir leurs troupes à l'abri des hauteurs et des bois; aussi les préparatifs de l'attaque ne furent-ils terminés que bien avant dans la nuit. L'ennemi nous dominait sur tous les points, il aurait pu suivre nos mouvements.

Le 18 septembre, le signal de l'attaque générale fut donné, une demi-heure avant le jour, par deux coups de canon tirés à l'attaque du centre.

Les trois divisions devaient s'ébranler au même instant.

L'infanterie légère qui précédait les attaques se dispersa en tirailleurs, passa l'Ayvaille. et, couvrant les flancs de chaque colonne, gravit les hauteurs[1]. Elle en débusqua, par un feu bien nourri, les tirailleurs ennemis répandus sur tout le front.

Le général Marceau engagea aussitôt sa tête de colonne dans le défilé et gagna, malgré le feu de l'ennemi, les hauteurs d'Amblers, au-dessus de Freture.

Le général Mayer, arrêté dans son attaque par le retard de six de ses bataillons qui s'étaient égarés pendant la nuit, emporta cependant le village d'Ayvaille, après avoir fait un grand carnage de ses défenseurs.

Les six bataillons survinrent sur ces entrefaites, et toute la di-

---

[1] Exemple tactique. L'attaque décisive est préparée et flanquée par les tirailleurs.

vision enleva avec la plus grande bravoure les hauteurs qui avoisinent Sprimont.

Haquin trouva une très-forte résistance au village de Sougues. Une méprise l'avait fait attaquer une demi-heure trop tôt, si bien que l'ennemi avait cru que son attaque était la vraie et qu'il avait envoyé des renforts de son côté.

Quand les deux premiers bataillons de la division Haquin eurent passé l'Ayvaille, et tourné le village de Sougues, ils furent reçus en escaladant les hauteurs par le feu meurtrier de cinq bataillons, qui sortirent tout à coup du bois et les rejetèrent sur la tête de la colonne, occupée à passer la rivière. Ce mouvement rétrograde arrêta un moment la colonne, mais *le général Haquin et le général de brigade Bastoul mirent à l'instant pied à terre et se jetèrent, le sabre à la main, à la tête de la colonne, avec de l'eau jusqu'à la ceinture.* Leur exemple donna une telle impulsion à la division qu'en un clin d'œil la colonne franchit le gué, puis se partagea en deux pour attaquer et enlever les hauteurs.

Le général Haquin fit entrer trois bataillons dans le village de Sougues, dont tous les défenseurs furent pris ou tués; 400 hommes, réfugiés dans l'église, ne voulaient pas se rendre; on les passa au fil de l'épée.

La colonne, soutenue à sa droite par la cavalerie, gagnait cependant insensiblement du terrain sur l'ennemi; bientôt elle se trouva à la hauteur du bois.

La cavalerie se porta rapidement sur les flancs et les derrières de l'ennemi, et *l'infanterie, se formant sur une ligne de colonnes de bataillon*, se mit en marche pour attaquer l'aile droite.

Pendant que les Autrichiens perdaient du terrain à leur gauche, Marceau, par un mouvement savant et hardi, avait fait filer sa cavalerie derrière le village de Freture, puis avancer toute son infanterie pour attaquer de front l'aile droite. Six bataillons et six escadrons ennemis se détachèrent alors pour charger cette infanterie. Mais Marceau, se portant rapidement sur leur flanc, culbuta la cavalerie sur l'infanterie. La cavalerie s'enfuit à toutes jambes, et l'infanterie se voyant abandonnée, suivit bientôt son exemple.

Lorsque je m'aperçus de la déroute de la droite de Latour, je fis marcher sur son centre, à droite et à gauche de Sprimont, dix bataillons de la division Mayer, pendant que quatre de ses bataillons pénétraient dans le village et en chassaient les tirailleurs ennemis; ceux-ci se replièrent en assez grand désordre vers le centre.

Par un concert admirable et fort rare dans les batailles, la droite et la gauche de l'ennemi furent tournées et culbutées presque en même temps. Le centre, vigoureusement attaqué, malgré son feu prodigieux, fut bientôt rompu.

Tous mes soins se bornèrent à empêcher le corps de Latour de se replier sur la grande Chartreuse de Liége et de rallier l'armée principale. J'ordonnai, en conséquence, à toute la cavalerie du centre et de la gauche de se porter sur le flanc droit de l'ennemi et de pousser les fuyards sur Verviers.

La division Haquin, en menaçant de leur en couper le chemin et en marchant avec le plus bel ordre possible sur les hauteurs de Louveigne, précipita encore leur retraite, qui se fit dans un grand désarroi.

La division Mayer, marchant à la même hauteur que la précédente, précipita encore cette retraite.

La division Marceau se dirigea sur les hauteurs d'Esneux où elle ne tarda pas à faire, à Hoteigne, sa jonction avec les troupes du général Bonnet.

Vers les deux heures de l'après-midi, 36 pièces de canon, 5 drapeaux, plus de 90 caissons, presque tous les équipages de l'ennemi et près de 2,000 prisonniers étaient déjà en notre pouvoir.

En me portant rapidement à la droite, je pus voir toute l'infanterie de l'ennemi se sauver par les bois de Verviers, et sa cavalerie, qui s'était mise hors de portée beaucoup plus tôt, gagner les hauteurs de la Vesder.

Je réunis alors ma cavalerie de l'aile droite à celle du centre et de la gauche pour forcer l'ennemi à m'abandonner la rive gauche de la Vesder. J'envoyai à la poursuite de l'ennemi, du côté de Verviers, quelques escadrons de cavalerie et quatre bataillons de grenadiers. La cavalerie ennemie, quoique beaucoup plus nombreuse que la nôtre, repassa la Vesder vers les six heures du soir.

L'armée bivouaqua sur trois plateaux (ABC) en forme de triangle; l'avant-garde, commandée par le général Marceau, occupa le sommet du triangle, et les deux divisions Mayer et Haquin, les côtés. Je fis couronner les hauteurs de la Vesder par de l'infanterie légère; le quartier général fut placé à Louveigne.

Les Français eurent dans ce combat mémorable près de 1,200 hommes tués ou blessés, dont moitié à la seule attaque de Sougues. *L'infanterie française, à l'exception de l'infanterie légère, ne brûla pas une cartouche;* elle vainquit par les baïonnettes et par les charges vigoureuses de sa cavalerie.

La perte des Autrichiens était de 1,800 tués ou blessés.

Latour avait, dans cette journée, commis deux fautes capitales. La première décida du gain de la bataille; ce fut, en voyant l'infanterie des trois attaques forcer les retranchements et les hauteurs de l'Ayvaille, de ranger ses troupes en bataille en arrière de Sprimont, sur un superbe plateau pour y recevoir le combat, au lieu de former trois corps qui eussent marché droit devant eux, baïonnettes baissées, sur les premiers bataillons de chaque attaque à mesure qu'ils se formaient à la tête des débouchés. Il est probable que les premiers bataillons auraient été renversés sur ceux qui suivaient. Il laissa, au contraire, aux généraux français le temps de former leur infanterie en bataille sur une ligne de colonnes de bataillons, et à leur cavalerie le temps d'arriver et de soutenir l'infanterie. Dès lors, débordé sur ses deux flancs, il n'eut plus d'autre ressource, malgré un feu prodigieux d'artillerie, que de se retirer à la hâte pour n'être pas entouré.

La seconde faute de Latour fut de n'avoir pas pris ses précautions et de n'avoir pas fait les dispositions nécessaires pour gagner, avant l'armée française, la rive droite de la Vesder. Cette rivière très-encaissée lui donnait *une deuxième ligne de défense* qui m'aurait obligé à lui livrer un nouveau combat d'autant plus meurtrier que le corps de Latour pouvait être soutenu par l'armée de Clairfayt, dont la gauche occupait la Chartreuse.

Clairfayt fit lui-même une troisième faute très-considérable en ne ralliant pas ce qui restait de ces 26,000 hommes, pour les joindre à 20,000 ou 30,000 hommes de son armée, qui seraient venus m'offrir le combat, le lendemain de la bataille, dans la position de Louveigne.

L'armée de Jourdan, trop éloignée pour me secourir et obligée à un détour de plus de six lieues pour communiquer avec moi, ne pouvait empêcher cette manœuvre qu'en forçant le passage de la Meuse, ce qui n'était pas chose facile.

Mais l'ennemi consterné *perdit la trémontane*. Ses généraux en voyant une armée victorieuse sur leurs flancs ne trouvèrent pas d'autre parti à prendre que celui de quitter, pendant la nuit du 18 au 19 septembre, les positions formidables qu'ils tenaient sur la Meuse, et de se replier sur Aix-la-Chapelle.

SCHÉRER.

Relation autrichienne de la bataille de Sprimont.

Le 18 septembre, les Français firent une nouvelle attaque contre les généraux Latour et d'Alvinzy, sur l'Ourthe. L'aile gauche ne put tenir contre la supériorité des Français, dont le nombre était grossi à chaque instant par des troupes fraîches. Ils réussirent ainsi à déposter le corps autrichien, trop peu nombreux pou résister.

Toute cette aile fut presque entièrement détruite et les régiments qui la composaient ont extrêmement souffert, particulièrement celui de Beaulieu, dont la plupart des officiers ont été tués, blessés ou faits prisonniers. Les trois compagnies de la légion de l'archiduc Charles nouvellement levées ont été hachées en partie; le reste est prisonnier. Le régiment de Muray, le bataillon de Vinsky, un de l'Empereur, deux des troupes de Saltzbourg, le régiment des dragons de l'Empereur et deux divisions de l'archiduc Léopold ont aussi considérablement souffert.

Cette aile a été mise dans une déroute complète et la retraite s'est faite en désordre après l'abandon de l'artillerie.

Les Français s'étant portés sur l'Ourthe en plusieurs colonnes, de My, d'Esneux, d'Harzek et d'Ayvaille, ainsi que de Spa et de Verviers (?), l'action se donna près de Theux. Les Français furent repoussés plusieurs fois avec grande perte et obligés de rétrograder jusqu'au ruisseau d'Emblève (?). Mais ayant dépassé la position des Impériaux, ils les prirent par derrière, et alors ce corps, qui n'était que de 7,000 hommes (?) contre 30,000 Français et au delà, coupé en partie, fut presque totalement détruit et dispersé.

Entre autres avantages, les vainqueurs avaient celui d'une *parfaite connaissance de la position autrichienne qu'ils avaient acquise au moyen d'un ballon lancé avant l'action.*

Une des conséquences de cette défaite fut l'évacuation de la Chartreuse, qui se trouvait tournée et prise à dos. Les Français entrèrent à Stavelot, Malmedy et Spa. Le général Clairfayt, informé des revers que venait d'essuyer le comte de Latour, détacha, le 18 à midi, treize bataillons du centre pour renforcer l'aile gauche qui put prendre à Hervé une nouvelle position défensive. (*Lettre d'Aix-la-Chapelle.*)

Pendant que Schérer gagnait cette brillante bataille, Kléber inquiétait le corps autrichien qui couvrait Maëstricht et refoulait ses avant-postes.

Jourdan au comité.

Au quartier général d'Halleux, 3e jour complémentaire (19 septembre).

..... Pendant que l'aile droite mettait l'ennemi en déroute, l'aile gauche, pour faire diversion, l'attaquait devant Maëstricht; de ce côté, il a été repoussé sur tous les points et forcé de se retirer dans son camp retranché.

..... J'apprends à l'instant que l'ennemi s'est retiré de la Chartreuse de Liége; nous allons le poursuivre sur tous les points.

JOURDAN.

8. Cette défaite de son aile gauche obligea en effet le comte de Clairfayt à abandonner son camp de la Chartreuse et tous les points qu'il tenait sur la rive droite de la Meuse, Il opéra sa retraite en plusieurs colonnes, pendant la nuit du 18 au 19 septembre, sur Faulquemont et Aix-la-Chapelle, pour aller prendre position derrière la Roër entre Dveren, Aldenhoven et Ruremonde, sous la protection de Juliers.

La droite et le centre de l'armée française poursuivirent activement l'ennemi, et s'établirent en avant d'Aix-la-Chapelle, de Cornelius-Munster à Rolduc.

9. Le comité de salut public répondit par les ordres suivants à la nouvelle de la victoire de Sprimont :

Le comité de salut public à Gillet.

1er vendémiaire an III (22 septembre 1794).

« ..... Il est à présumer que l'ennemi va se retirer sur Cologne ; il est très-possible que vous le poursuiviez jusque-là, et que vous y brûliez les grands magasins qui doivent s'y trouver ; pour cela il faut laisser sur votre gauche une partie de l'armée suffisante pour tenir tête aux forces ennemies qui se sont retirées par Grave, et avertir le général de l'armée de la Moselle (Moreau) pour qu'il appuie votre droite. Une fois l'armée ennemie dispersée, reléguée au delà du Rhin et ses magasins détruits, vous pourrez assiéger Maëstricht avec toute la sécurité possible ; *en attendant, il faut l'investir* et faire arriver tous les moyens qui sont à votre disposition pour réduire cette place le plus promptement possible.....

Tout en préparant vos moyens d'attaque contre Maëstricht, vous ne devez pas négliger les moyens de terreur qui pourraient la faire tomber entre vos mains.

TREILHARD, CARNOT, DELMAS, THURIOT, COCHON, ESCHASSÉRIAUX, LINDET.

Jourdan au comité.

23 septembre 1794.

..... En attendant de nouveaux ordres, je laisserai Maëstricht investi et je marcherai sur l'ennemi jusqu'au bord de la Roër. S'il est venu défendre le passage de cette rivière, je serai obligé, pour lui livrer bataille, ou de faire venir les troupes qui sont autour de Maëstricht ou d'attendre l'armée de la Moselle.

JOURDAN.

II

INVESTISSEMENT DE MAESTRICHT.

10. Jourdan charge Kléber d'assiéger Maëstricht. — 11. Projet de Michaud d'Arçon (1793). — 12. Répartition des trois divisions de l'aile gauche autour de la place, sur les deux rives de la Meuse. — 13. Préparatifs du siége. — 14. Premières sommations; réponses du prince de Hesse et des magistrats. — 15. Exposé de la situation au 26 septembre.

10. « [1] Le général Jourdan, résolu à pousser jusqu'au Rhin la marche victorieuse de l'armée de Sambre-et-Meuse, songea dès lors sérieusement à s'emparer de Maëstricht. Il ne voulait pas laisser sur ses derrières une place de cette importance qu'il savait pourvue de 12,000 hommes de garnison, de quatre mois de vivres et de magasins considérables.

Ce n'était pas une idée nouvelle : Louis XIV et le maréchal de Saxe avaient déjà pris Maëstricht; l'année précédente, le général Miranda, successeur de Dumouriez, avait juré un peu légèrement d'avoir, en quelques heures, raison de cette place; mais la ferme attitude de son gouverneur, le marquis d'Autichamp, et l'approche d'une division de secours avaient obligé Miranda à se replier en toute hâte. »

Il nous reste de cette tentative avortée un document précieux : c'est le projet rédigé, le 18 juin 1793, par le maréchalt de camp Michaud d'Arçon.

Ce projet, communiqué aux généraux de Sambre-et-Meuse, a peut-être inspiré Marescot dans l'étude du plan d'attaque, mais il a certainement dicté à Kléber le langage énergique qu'il n'a cessé de parler aux assiégés. On s'est servi de la tranchée, des sommations, des batteries incendiaires; il n'y a que les machines infernales qu'on n'ait pas employées.

11. *Premier projet du siége de Maëstricht* (1793).

La possession des places fortes que nous convoitons est moins précieuse pour nous que les hommes et le temps qu'il faudra employer à les réduire, si nous suivons la désespérante lenteur des procédés ordinaires des siéges.

Il faut abréger autant que les circonstances le permettent, mais sans que ce soit au préjudice de la sûreté des opérations; il faut même que l'accélération des mesures tourne à une économie de temps et d'hommes [2].

---

1 Manuscrit du général Hardy.

2 Ces préceptes ont été durement appliqués en 1870.

D'abord, on ouvrira au plus tôt *une tranchée régulière* dont l'exécution rapide et dérobée sauvera la vie à bien du monde. Elle sera dirigée de manière que son centre corresponde, à peu près, au bastion de la porte de Bruxelles.

C'est le côté par lequel, en 1673, Louis XIV réduisit la place en treize jours. Je ne sais pas pourquoi l'on s'est écarté de cette disposition dans le dernier siége de 1748; il est vrai qu'on y aurait trouvé des fossés et des avant-fossés pleins d'eau, et qu'il est plus avantageux de s'attacher aux fossés secs, ne fût-ce que pour faire craindre à l'ennemi le danger des attaques de vive force.

On accélérera le travail de la tranchée et même on l'entreprendra avant l'arrivée de l'artillerie et des munitions, afin de faire dater de plus loin le temps de la défense. *C'est quelquefois un moyen d'éviter aux assiégés la honte de s'être rendus trop tôt.*

On poussera activement la construction des batteries, en tenant les embrasures masquées jusqu'à l'arrivée des pièces et des munitions. Ces batteries seront préparées pour 80 bouches à feu de trois espèces, ou pour un nombre moindre, s'il n'est pas possible d'en réunir autant.

On évitera les cheminements progressifs, au delà de la première parallèle de ces batteries et de ces retranchements, qui rendent les siéges si longs, si fatigants, si meurtriers.

Il n'y a pourtant que deux manières de les éviter avec des gens qui ont la volonté de se bien défendre : la première, c'est l'escalade, mais ce procédé est beaucoup trop hasardeux, il est souvent incertain, et c'est le plus meurtrier; la seconde consiste à *jeter l'épouvante parmi les défenseurs par des moyens extraordinaires et inattendus, qui produisent l'étonnement et la terreur.*

Je m'explique : lorsque l'artillerie de l'attaque aura atteint son maximum d'action, si nos batteries ont été disposées de manière à ricocher tous les ouvrages, à en rompre les palissades, à ruiner les défenses, et même à enfiler les communications du front d'attaque, l'ennemi se trouvera fort gêné et déconcerté dans ses manœuvres.

A ce moment, on sommera la place de se rendre. On déclarera que, jusqu'alors, on a épargné aux habitants les mesures de rigueur, mais que si la résistance se prolonge, on va mettre en œuvre une série d'opérations qui entraîneront inévitablement la ruine de la ville, le malheur des habitants et de la garnison, alors qu'on aurait voulu traiter les assiégés en amis et en frères, etc., etc.

Si la réponse est négative, on lâchera par la Meuse une des *machines infernales* préparées à Liége. Cette machine, disposée sur des radeaux, s'arrêtera nécessairement au-dessus et contre le grand pont de Maëstricht.

Les mèches en seront calculées de manière à faire précéder la grande explosion par des pétards, qui feront croire à une attaque de la ville du côté des quais.

La garnison, fort occupée ailleurs, comme on le verra, ne manquera pas de se porter en foule de ce côté ; ce sera pour être enveloppée dans un cercle de destruction.

L'explosion de la machine sera terrible; le pont sera peut-être rompu; dans tous les cas, les décombres couvriront une partie de la ville.

Les machines infernales se composeront de fourneaux maçonnés au fond des plus grands bateaux qu'on trouvera sur la Meuse; on les chargera de bois, de pierres, de bombes et de décombres.

Si l'ennemi, prévenu de ces manœuvres, s'avisait de barrer le passage aux machines par une estacade de bois flottants, on ferait précéder leur départ par une machine moins considérable, chargée de manière à produire son effet à la surface de l'eau. L'estacade, en arrêtant cette mine flottante, sera infailliblement rompue.

Dans ce moment, l'attaque principale aura redoublé d'activité; les batteries tireront à boulets rouges et lanceront des bombes et des obus incendiaires. Cette crise durera huit à dix heures, puis on donnera quelque répit.

Dès le lendemain, les assiégés seront avertis directement que ce n'est là que le prélude des scènes de destruction qui se préparent. En effet, dix autres machines infernales seraient tenues toutes prêtes, pendant que l'on procéderait à la deuxième sommation.

(Je ne parle point des moyens de corruption, qui ne doivent pas être épargnés, car les avantages en sont incalculables.)

Dans cette deuxième sommation, on annoncerait que « les soldats « demandent un assaut général, qu'on ne peut plus contenir leur « ardeur; que des machines infernales vont descendre successive- « ment la Meuse, suivies par cinquante embarcations portant 10,000 « hommes; que ceux-ci aborderont sans obstacle, que tout est pré- « paré pour le succès; que, quatre autres attaques seront dirigées « en même temps sur le corps de place; que l'émulation des assail- « lants ne laissera plus d'espoir aux défenseurs; enfin, que c'est « pour prévenir les désastres et les malheurs qui se préparent qu'on « désire sincèrement un rapprochement fraternel. »

Pendant la lecture de cette dépêche, le feu des batteries aura redoublé, des incendies s'allumeront aux quatre coins de la ville, des signaux d'attaque se feront entendre tout autour de la place, la Meuse étincellera de mille feux.

Je crois que les ennemis composeront, sinon on lâcherait deux nouvelles machines infernales.

La même scène se renouvellera avec plus de violence. L'incendie de la ville dans plusieurs quartiers aura produit de grands ravages; la rue la plus enflammée sera balayée par les obus, l'accès en deviendra de plus en plus difficile aux défenseurs. Toutes les attaques donneront; la place sera sommée une troisième fois : il sera dit qu'on est parvenu à contenir l'extrême ardeur des soldats, mais qu'on ne répond plus des conséquences d'une plus longue résistance : « Songez, dira-t-on au commandant militaire, que « la République vous rend responsable personnellement de tous « les malheurs qui vont accabler la ville, la garnison et les ha- « bitants. »

On fera en sorte que ces différentes sommations soient connues des soldats de la garnison et des habitants.

On voit que nous avons mis les choses au pire; je crois qu'il n'en faudra pas tant, mais lorsqu'on peut le plus en économisant les hommes, pourquoi risquer le moins?

Supposons même que l'ennemi résiste encore à cette dernière tentative; alors on proposera aux soldats l'alternative de continuer le siége en règle, ce qui entraînerait de trente à trente-cinq jours de travaux pénibles et une perte de 5,000 à 6,000 hommes, pour obtenir une triste capitulation, ou de donner l'*assaut à la française*, ce qui épargnerait bien des hommes, ne ferait pas perdre de temps, et rapporterait à tous de la gloire et du butin.

Je répugne à cette mesure, parce qu'elle entraîne d'horribles inconvénients, tant pour la discipline des troupes que pour un peuple que nous avons grand intérêt à ménager. Mais les soldats n'hésiteraient pas; il serait même difficile de les retenir pour prendre le temps et les mesures nécessaires.

Si l'on se décide pour l'attaque de vive force, on préparera un grand nombre de bateaux pour le débarquement; ces bateaux, précédés par quatre machines infernales, aborderont facilement aux chantiers. Ils déposeront là 3,000 ou 4,000 hommes avec les outils, les engins et les matériaux nécessaires pour franchir un très-petit fossé, et pour détruire un faible mur de ronde, qui ne vaut pas un mur d'espalier.

(Je ne suis pas sûr, cependant, que dans ces derniers temps, on n'ait pas augmenté les obstacles de ce côté; ce sont des informations à prendre auprès des maîtres bateliers du pays de Liége.)

Cette entreprise, exécutée la nuit, sera favorisée par un assaut par escalade, préparé à l'attaque principale et par trois fausses attaques en différents endroits.

On se jettera vers le chemin couvert avec d'autant plus de vigueur qu'on aura convaincu nos soldats de cette vérité : que c'est en se mêlant à l'ennemi qu'ils réduiront au silence le feu de la place.

Toutes les attaques auront l'ordre de brusquer à volonté; il leur sera fourni des haches, des échelles, des outils de toutes espèces. Les diversions seront très-multipliées; l'assiégé ne pourra y suffire, son attention étant divisée encore par l'incendie d'un grand nombre d'édifices, sur divers points de la ville.

Les assiégés n'iront pas jusque là : les menaces suffiront, si on les accompagne d'un déploiement de forces très-réel et très-important.

Au pis-aller, nous en reviendrions au cheminement de la grande attaque suivant les procédés ordinaires; mais il ne faudrait pas cesser de faire craindre continuellement, à l'ennemi, les conséquences *d'un coup d'audace à la française.*

MICHAUD D'ARÇON,
Maréchal de camp.

Pour ce coup d'audace à la française, cette fois il y avait Kléber.

Ses divisions étaient rentrées dans leurs positions après l'affaire de Lawfeld; Jourdan leur donna, le 19 septembre, l'ordre de se préparer à investir Maëstricht.

Investissement de Maëstricht.

12. « [1] Le camp de l'aile gauche fut levé le 21 septembre.

La division de droite (Duhesme), marchant la droite en tête, vint appuyer sa droite à Wonck et sa gauche à Herderen ; elle était couverte par une avant-garde portée à Rymps.

La division de gauche (Richard), marcha la gauche en tête et s'établit entre Bilsen et Groos-Spauwen.

La division du centre (Friant) s'étendit depuis Herderen jusqu'à Groos-Spauwen, en arrière des ravins.

Bernadotte, avec l'avant-garde, continua de couvrir la gauche du corps d'armée en occupant Munster-Bilsen et Eyck-Bilsen; il poussa quelques postes à Beversé et à Diepenbeeck, pour communiquer avec la cavalerie de Hasselt (général Boisset). Le reste de ses troupes fut employé à tenir les hauteurs de Rosmeer, de Neteghem et de Gellick. Le jour même, il fut chargé de débusquer l'ennemi de Veldwezelt.

Le 22, toute l'avant-garde se réunit entre Gellick et Lanaken ; elle marcha sur Reckem, par Reehvasen, en suivant la rive gauche

---

[1] Manuscrit du général Hardy.

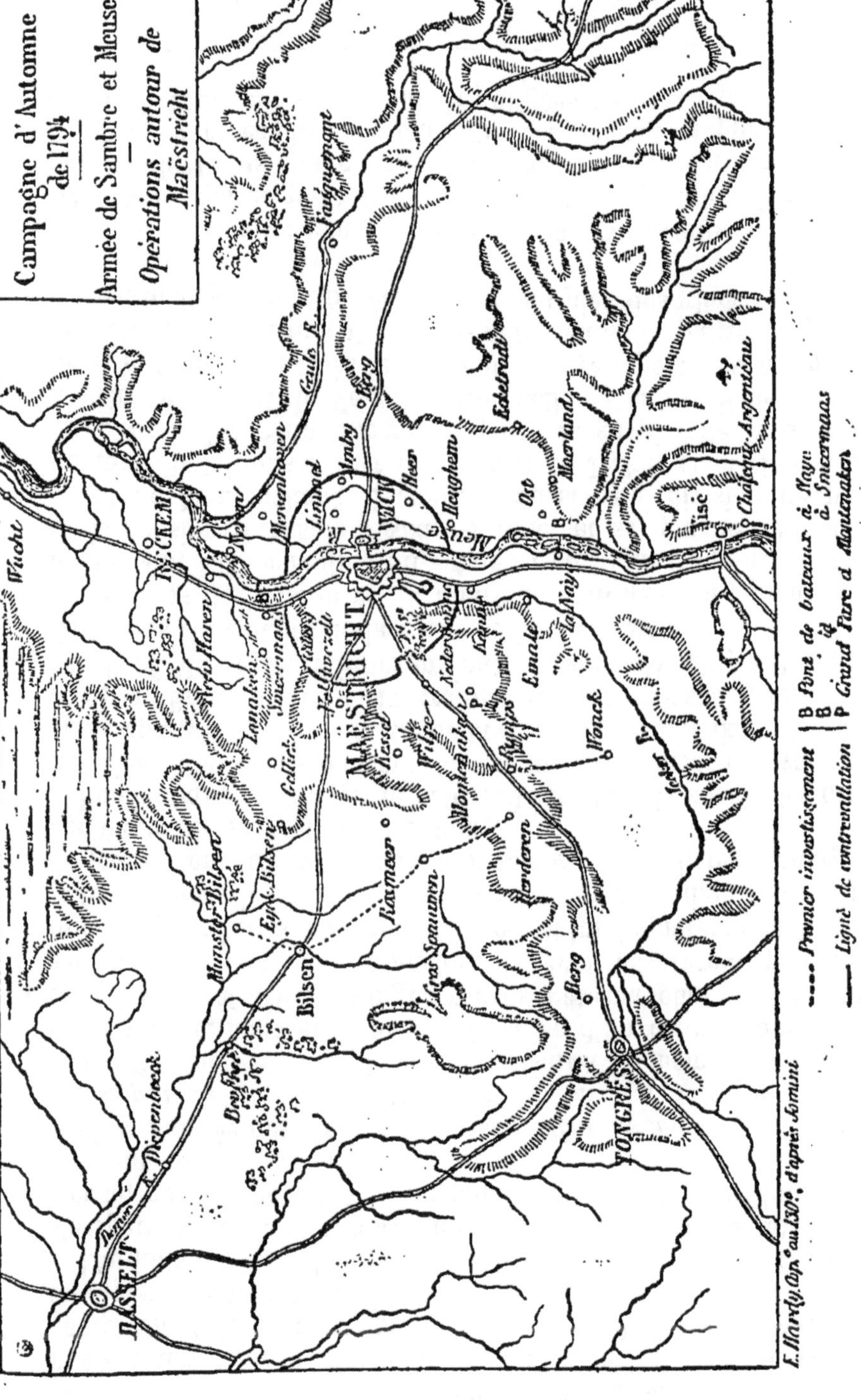
Campagne d'Automne de 1794
Armée de Sambre et Meuse
Opérations autour de Maëstricht
MAESTRICHT
TONGRES
HASSELT
Bilsen
Diepenbeek
Wicht
Meuse
Visé
Chaufour Argenteau
Fauquemont
Geule R.
Berg
Wonck
Emale
Heer
Meerssen
Eckelrade
Marland
Ost
Heughem
Lanaken
Smeermaas
Kesselt
Riemst
Grand Spauwen
Vroenhoven
Fetter R.
Eysden
Münster Bilsen
Premier investissement
Ligne de contrevallation
B Pont de bateaux à Haye
B id à Smeermaas
P Grand Parc à Montenaken
E. Hardy, Cap.ne au 130e, d'après Jomini

de la Meuse; puis, après avoir laissé à tous les gués et passages des postes d'infanterie et de cavalerie pour reconnaître ce que l'ennemi tenterait sur la rive opposée, elle se dirigea sur Stockem. Le camp volant de Peer vint prendre position à Brée, sur la gauche et en arrière de Maaseyck.

L'adjudant-général Ney, à la tête d'un gros parti de cavalerie, s'empara de Maaseyck, après quoi il remonta la rive gauche de la Meuse, pour se porter à la rencontre du général Bernadotte. Stockem enveloppé se rendit.

Cette marche des troupes françaises, dont les unes remontaient la Meuse pendant que les autres la redescendaient, eut les plus heureux résultats [1]; non-seulement elle interdisait à l'ennemi la navigation de la rivière, mais elle amenait la prise d'un convoi considérable dirigé sur Maëstricht. Vingt-six gros bateaux chargés de 20,000 sacs de blé et de 1,000 tonneaux de farine assurèrent, pour quelque temps, la subsistance de l'armée, et lui donnèrent des éléments précieux pour la construction des ponts qu'elle allait être obligée de jeter. L'ennemi coula bas lui-même un autre bateau chargé de canons, d'obusiers et de munitions.

Pendant que l'avant-garde exécutait avec tant de succès les ordres de Kléber, le corps d'armée faisait un mouvement en avant pour venir appuyer sa droite à Emale et sa gauche à Lanaken. Le 23, le camp de Brée fut levé, et les troupes qui le composaient furent dispersées à Maaseyck, à Stockem, entre Lœdt et Wucht, à Reckem et dans tous les villages de la rive gauche de la Meuse.

Le corps de bataille fit un quart de conversion à gauche, et, le lendemain, Kléber rectifia lui-même sa position. Il appuya la droite de la division Duhesme à Neder-Kanne, et sa gauche à Kessel, en avant de Montenaken; il chargea aussi cette division de poster quelques bataillons et escadrons entre le Jecker et la Meuse, pour observer le fort Saint-Pierre. Il porta la gauche de la deuxième division en avant de Veldwezelt, et celle de la troisième à Smeermaas et Pétersheim. Dès ce moment, les avant-postes furent poussés si avant qu'ils tiraillaient avec les défenseurs des palissades, et que les sentinelles étaient posées presque au pied des glacis.

La place restait encore ouverte sur la rive droite de la Meuse. Les eaux, qui avaient beaucoup grossi en quelques heures, ne permettaient plus à la cavalerie de passer au gué de Reckem. Les troupes chargées de compléter l'investissement ne purent le faire que le 25 septembre. Elles furent obligées de passer par le pont de

---

1 Exemple à retenir pour l'emploi de la cavalerie légère.

Visé, seul débouché qui permît alors aux Français de communiquer d'une rive à l'autre.

Les généraux Bernadotte et Boisset se portèrent rapidement en avant, avec quelques escadrons, pour éclairer tout le pays autour de Wick; sous leur égide, la brigade Hardy s'étendit paisiblement de Berg à New-Haren, à hauteur de la gauche de la division Richard.

Tout à coup on vit apparaître, sur la rive droite, un gros de cavalerie; Kléber la fit aussitôt reconnaître. C'étaient les escadrons du général Dubois, que Jourdan avait détachés du centre de l'armée de Sambre-et-Meuse pour protéger l'investissement de la place. Jourdan craignant que le gonflement des eaux n'ait augmenté la difficulté du passage, envoyait ce renfort pour balayer l'ennemi s'il se montrait sur la rive droite.

Ainsi, dans l'après-midi du 25 septembre, 14 bataillons et 5 régiments de cavalerie sur la rive droite de la Meuse, 24 bataillons et 3 régiments de cavalerie sur la rive gauche, et, enfin, 2 bataillons et 1 escadron entre le Jecker et la Meuse, entouraient si bien Maëstricht, qu'il n'était plus possible d'en sortir sans être aperçu par les postes de l'armée française. »

13. Cependant, le général du génie Marescot préparait le plan d'attaque et traçait les lignes de contrevallation avec l'aide du chef de bataillon Chasseloup, de tous les ingénieurs de Metz, et de 15 élèves de l'Ecole du génie, que Gillet avait mandés sous prétexte « qu'ils s'instruiraient plus vite dans un siége que dans une année « de leçons. »

Kléber, de son côté, ne négligeait aucun détail; ses ordres en font foi :

Ordre à l'aile gauche.

Au quartier général de Neder-Kann, 4 vendémiaire an III.

..... Les généraux de division aligneront leurs corps dans les différentes positions indiquées, et ils feront régner cette propreté, cette tenue qu'ils ont fait admirer depuis quelque temps par tous les amis de l'ordre. Les exercices seront également commencés, et les armes sans cesse tenues dans le meilleur état.

L'on fera construire les latrines fortement sur les derrières, et on emploiera des travailleurs, ou gens de corvée, pour enterrer davantage les corps morts, afin d'éviter les maladies.

KLÉBER.

Il mettait, à 20 lieues à la ronde, tous les terrassiers en réquisition, et employait sa cavalerie disponible à réunir des outils :

Kléber au général Ferrand, commandant à Bruxelles.

..... Je te prie de faire courir ta cavalerie dans les villages voisins de Bruxelles pour ramasser toutes les pioches, haches, scies ou autres outils nécessaires aux travaux d'un siége....

L'armée de Sambre-et-Meuse avance à grands pas; elle est aujourd'hui au delà d'Aix-la-Chapelle.

KLÉBER.

14. L'investissement de Maëstricht était à peine accompli que Kléber adressait au gouverneur, le prince Frédéric de Hesse, et aux magistrats une première sommation dans laquelle, tout en obéissant aux ordres de Carnot, il n'épargnait pas les conseils de Michaud d'Arçon.

Deux officiers (dont l'un était un ingénieur travesti en hussard), accompagnés d'un trompette, se rendirent, le 25 septembre, sous les murs de la place; ils étaient porteurs des deux dépêches suivantes :

Sommation faite par le général Kléber, commandant l'armée sous Maëstricht, au gouverneur de Maëstricht.

Le général de division Kléber, commandant l'armée sous Maëstricht, somme le gouverneur de ladite ville de se rendre dans trois heures, et de remettre la place aux armes de la République française, s'il veut épargner aux habitants les horreurs d'un bombardement incendiaire et la destruction totale de la ville;

Lui déclare que s'il a la témérité d'opposer une défense inutile, ou l'imprudence d'empêcher que la lettre ci-incluse ne soit remise aux magistrats, son audace ne tardera pas à être punie par le fer et par le feu, car 200,000 soldats français ont résolu d'entrer dans Maëstricht.

Le gouverneur est prévenu que les armées combinées fuient sur tous les points, que celles de Sambre-et-Meuse, de la Moselle et du Rhin, marchent à grands pas sur la rive gauche de ce fleuve, pour y arborer les drapeaux de la République, enfin que celle du Nord est dans l'intérieur de la Hollande et compte ses journées par des triomphes.

En pesant toutes ces circonstances, le gouverneur sera convaincu que, quels que soient ses moyens de résistance, ils ne peuvent que devenir illusoires contre tant d'armées réunies et victorieuses.

Le général de division Kléber prévient encore le gouverneur que, dès que la tranchée sera ouverte, il sera inflexible pour toutes les propositions et qu'il le fera passer au fil de l'épée, avec tous les officiers de sa garnison, s'il ose intercepter la lettre ci-jointe adressée aux magistrats de Maëstricht.

Si le gouverneur de Maëstricht voulait se faire illusion et ne voir dans ce langage qu'une vaine fanfaronnade d'assiégeants, le général Kléber appellerait ses regards sur l'artillerie immense que les ennemis de la République ont laissé tomber depuis peu en son pouvoir, artillerie qui est prête à tonner tout entière sur une ville vouée à notre vengeance.

Au quartier général de Neder-Kanne, le 5 vendémiaire, IIIe année de la République française, une et indivisible.

KLÉBER.

Sommation faite par le général Kléber, commandant l'armée sous Maëstricht, aux magistrats de ladite ville.

Vos alliés sont en fuite; la terreur, le découragement, la désertion sont dans vos armées, qui naguère prétendaient dicter les destins de la France. Battues à Boxtel, dispersées devant l'Ayvaille, elles se sont réfugiées sur la rive droite du Rhin, nous laissant des milliers de prisonniers, leurs armes, leurs équipages et une grande partie de leur artillerie.

Le cœur de la Hollande est ouvert à l'armée du Nord, les Anglais ont disparu, rien ne met plus obstacle à la valeur de nos soldats. Du nord au midi, de l'est à l'ouest, la victoire s'est prononcée. Quel espoir vous reste-t-il d'arrêter son cours?

Je viens d'investir votre ville, je somme le gouverneur de la rendre. Voulez-vous éviter votre destruction certaine, épargner à vos habitants les horreurs d'un siége aussi désastreux que sanglant, et leur conserver leurs propriétés? Que votre garnison imite celles de Valenciennes et de Condé.

Vous les avez vues, elles peuvent témoigner de la générosité française; votre devoir est donc d'engager ou de forcer le commandant à remettre, sans délai, la place aux armes de la République.

Je vous déclare que si dans trois heures je ne reçois pas des nouvelles satisfaisantes, je continuerai le siége et saurai lui donner le caractère le plus terrible. Votre ville ne peut manquer de tomber en notre pouvoir, car 200,000 Français ont arrêté dans leur cœur de venger sur Maëstricht les horreurs exercées sur Lille, Landrecies et le Quesnoy. Vous serez les premières victimes que j'immolerai, et Maëstricht ne sera plus qu'un monceau de cendres. Songez donc que vous ne pouvez que retarder notre vengeance et que vous chercherez en vain à vous y soustraire.

KLÉBER.

« [1]L'un des officiers porteurs des sommations fut introduit dans la place et conduit au gouverneur. Le prince de Hesse fit hautement lecture de celle qui lui était adressée, en présence de tous ceux qui l'entouraient. Il fit attendre pendant vingt minutes sa réponse au parlementaire français, qu'il avait prié de se retirer dans un appartement voisin.

Elle était conçue en ces termes, si simples et si nobles :

Mon honneur et mon devoir m'imposent la défense de cette place qui m'est confiée, et je la soutiendrai avec ma brave garnison.

La lettre du magistrat sera remise.

Donné à mon gouvernement, à Maëstricht, ce 26 *septembre* 1794.

Frédéric DE HESSE.

Le prince de Hesse fit accompagner cette réponse laconique d'un coup de canon, aussitôt qu'il jugea que le parlementaire était arrivé à hauteur du quartier général de l'armée française. Kléber aurait bien voulu riposter par un bombardement immédiat, mais l'artillerie de siége n'était pas arrivée : ce fut partie remise.

Le 27 septembre, un colonel hollandais apporta une dépêche du gouverneur. Elle contenait la réponse du magistrat indivis de la place à la sommation du général Kléber.

Le gouverneur de Maëstricht au général Kléber.

Je vous envoie ci-jointe la réponse du magistrat à la lettre qui m'a été remise de votre part pour lui.

Fait à mon gouvernement, à Maëstricht, ce 27 septembre 1794.

Frédéric DE HESSE.

Réponse du magistrat indivis de Maëstricht au général Kléber.

Le magistrat indivis de la ville de Maëstricht ayant reçu par Son Altesse Sérénissime Monseigneur le prince de Hesse, gouverneur de cette ville, une lettre de la part du général Kléber, écrite au quartier général de Neder-Kanne, a l'honneur d'y répondre : que la constitution sur laquelle nous avons prêté serment ne nous donne aucune influence ni autorité quelconque sur le gouvernement militaire,

---

[1] Manuscrit du général Hardy.

d'où il résulte que nous devons nous borner à en accuser la réception.

Ainsi fait dans l'assemblée du conseil indivis de cette ville de Maëstricht, ce 26 septembre 1794.

Par ordonnance:

M. C. LESSART.

Les moyens de conciliation se trouvaient ainsi épuisés: Maëstricht était décidé à se défendre; c'était aux armes françaises à la réduire, après avoir éloigné les secours.

Gillet au comité.

A Borscheit, le 5 vendémiaire an III (26 septembre).

Maëstricht est investi par 38,000 hommes, et le siége pourrait commencer demain s'il ne fallait préalablement livrer bataille à l'ennemi, qui a pris poste au delà de la Roër et qui semble vouloir s'y maintenir à l'abri de Juliers, qui est une place forte.

Les ingénieurs sont arrivés, les reconnaissances sont faites, les travailleurs sont rassemblés, l'artillerie et les munitions sont prêtes à s'embarquer sur la Sambre et sur la Meuse.

On a pris, pendant l'investissement de Maëstricht, 15 bateaux chargés de farine et d'avoine. Cette prise vaut un million au moins. Un autre bateau chargé de canons et de mortiers a été coulé bas.

L'armée d'observation (l'aile droite et le centre) campera demain sur la rive gauche de la Roër, et nous ne serons séparés de l'ennemi que par cette rivière. Nous retirerons du blocus de Maëstricht 18,000 hommes; notre force sera alors d'environ 90,000 hommes, et sous très-peu de jours nous déciderons la fin de la campagne, si l'ennemi veut attendre l'événement d'une bataille.

Je n'ai pas de nouvelles de l'armée de la Moselle: il a été convenu entre moi et Bellegarde[1] que l'armée du Nord étendrait sa droite vers Venloo, tandis que la gauche de l'armée d'observation surveillera Ruremonde. J'ai expédié à Bourbotte[2] un courrier pour l'informer de notre arrivée sur la Roër et le presser d'agir, car ses deux flancs sont absolument à découvert, et nous savons que l'ennemi a des troupes du côté de Malmédy. Nous tâcherons d'enlever Juliers, point d'appui de l'ennemi.

---

1 Le représentant du peuple près l'armée du Nord.

2 Le représentant près l'armée de la Moselle.

Le temps est détestable et nous contrarie beaucoup. Tâchez de nous envoyer des cartes topographiques; nous sommes absolument perdus dans ce pays.

GILLET.

Bulletin de l'étranger.

L'armée impériale ayant passé la Roër le 22 septembre, paraît vouloir se maintenir sur cette rivière. Le général comte de Clairfayt est arrivé le même jour à Juliers. Le général Latour a dû prendre son quartier à Dueren et le général Beaulieu a le sien entre ces deux endroits. Les Français sont entrés à Aix-la-Chapelle le 23. La proximité des deux armées fait croire qu'une action est inévitable; les bagages des Autrichiens sont envoyés de l'autre côté du Rhin, et on construit un deuxième pont sur ce fleuve. On porte à 12,000 hommes la garnison de Maëstricht. (*Lettre de Cologne du 26 septembre.*)

III

RALLIEMENT DE L'ARMÉE DE SAMBRE-ET-MEUSE.

17. Jourdan rallie toutes ses forces pour attaquer Clairfayt sur la Roër. — 18. Dubesme continue l'investissement de Maëstricht avec 15,000 hommes; départ de Kléber. — 19. Première sortie de la garnison; Dubesme est renforcé.

17. Clairfayt était décidé à défendre la ligne de la Roër; « [1] il y avait construit plusieurs redoutes, espérant fixer un terme à la rapidité de nos conquêtes, couvrir la rive gauche du Rhin et faire des incursions jusqu'à Maëstricht, pour inquiéter l'armée de siége et secourir la place. »

Jourdan se résolut à tenter un dernier effort pour le débusquer de sa position. Il se souvenait que le siége de Charleroi, entrepris avant qu'on ne fût maître de la campagne, avait été levé deux fois et qu'on ne l'avait terminé qu'après trois grandes batailles.

Pour prévenir de semblables hasards il fallait jeter l'armée autrichienne au delà du Rhin; mais l'armée de la Moselle ne répondant pas aux appels incessants qu'on lui adressait, Jourdan n'avait pas trop de toutes ses forces.

En conséquence, il écrivit à Kléber de rallier le reste de l'armée avec la moitié des troupes qui investissaient Maëstricht.

Dans la crainte que les 15,000 hommes laissés devant cette place ne fussent trop aisément entamés par la garnison, Jourdan était d'avis qu'on renonçât pour le moment à continuer le siége, et

---

1 Manuscrit du général Hardy.

qu'on se bornât à former un corps d'observation actif et alerte. Mais Kléber pensa qu'en effectuant la retraite pendant la nuit, il pourrait cacher à l'ennemi l'affaiblissement des forces assiégeantes, et il se décida à faire occuper par la moitié de son monde la ligne de contrevallation tout entière.

Le 27 septembre, il remit au général Duhesme le commandement du corps d'investissement.

18. « La rive gauche de la Meuse fut laissée à la garde de 11 bataillons et de 600 chevaux qui avaient ordre de couvrir Tongres et Bilsen (brigades Daurier et Poncet). Sur la rive droite, 8 bataillons et 600 chevaux furent établis sur les hauteurs de Berg, Terbleyt, Ecketradt et Maerland; ils devaient protéger le pont de Visé et la communication entre Liége et Aix-la-Chapelle (brigades Hardy et Barjonet).

Cette répartition des troupes françaises laissait sur chaque rive un corps inférieur à la garnison (12,000 hommes); si l'un d'eux avait été attaqué, la Meuse aurait empêché l'autre de le secourir.

Il devenait donc nécessaire d'établir entre les deux troupes d'investissement une communication facile, par des ponts à l'abri de toute insulte.

Le général Kléber ordonna qu'on en construisît deux; il en désigna lui-même l'emplacement: le premier à Reckem, un peu audessus de l'abbaye d'Hockten, et le second près du village de Lanaye. Chacun de ces ponts fut gardé par une division de gendarmerie.

Le général du génie Marescot fut chargé de couvrir les deux corps par des retranchements solides et par des redoutes respectables; 3,000 paysans furent mis à sa disposition.

Enfin, il fut convenu que le général Duhesme, pour être sans cesse prévenu des entreprises de l'ennemi sur ses derrières ou sur ses flancs, enverrait de fréquentes patrouilles vers Ruremonde, Sittard et Maaseyck, point où l'armée du Nord enverrait de son côté des reconnaisances. On lui laissait, à cet effet, deux régiments de cavalerie (3e et 12e chasseurs), réunis, avec quelques escadrons détachés, sous les ordres du général Boisset.

Après avoir pris ces dispositions et recommandé la plus grande vigilance aux troupes dont il se séparait momentanément, Kléber se mit en marche, le 28 septembre, à deux heures du matin, pour rejoindre Jourdan avec le reste de l'aile gauche.

19. « La garnison ne s'était pas aperçue de son départ; cependant elle fit, le jour même, une double sortie sur la rive gauche de la Meuse.

Le petit camp de cavalerie placé dans la plaine, à la droite de nos lignes, attira la cavalerie ennemie; celle-ci força un poste d'infanterie qui couvrait la redoute de Wilre; déjà même elle s'était emparée d'une des deux pièces de 4 qui défendaient cette redoute et elle allait prendre l'autre, quand les postes voisins, s'étant réunis, accoururent pour le dégager.

Sur la rive gauche, l'ennemi longeant l'escarpe qui, de ce côté, couvre la plaine, s'efforça de tourner la ligne française. Il parvint jusqu'aux maisons et aux haies qui sont à portée de carabine de l'escarpe, en faisant sur les troupes républicaines un feu de mousqueterie très-vif et très-soutenu; une pièce de 4 adroitement servie le força de lâcher pied, et les deux partis rentrèrent dans leurs lignes.

Pour ôter à la garnison l'envie de renouveler cette tentative, la ligne de la rive gauche fut renforcée de deux pièces de 12 en avant de Kessel et d'un obusier dans la redoute du Belveder.

Du côté de Wyck, le général Boisset reçut aussi un obusier, deux pièces de 12, deux de 8; il mit une pièce de 4 dans le jardin de l'Evandegh, occupé par un bataillon d'infanterie légère.

Sur la demande de Duhesme, le général en chef lui fit envoyer de Bruxelles deux bataillons, et Kléber le renforça de deux bataillons et de trois escadrons.

Le 30 septembre, Duhesme, instruit que l'ennemi s'était montré à Maaseyck, envoya promptement à Stockem un escadron de chasseurs, quatre compagnies d'infanterie et une pièce de canon, avec l'ordre au chef de brigade Augier de faire souvent observer Maaseyck.

Dans le même moment, Kléber, parvenu déjà à Heinsberg, envoyait une reconnaissance de 150 chevaux du côté de Tudderen, jusqu'à Sittard, Susterzeel et Gangelt.

Le général Boisset poussait ses patrouilles jusqu'à Geleen et l'armée du Nord jusqu'à Wenloo.

Tous ces mouvements avaient pour but de protéger les derrières du corps de siége et de l'armée établie devant la Roër.

Mais, après la bataille du 2 octobre, l'ennemi évacua Ruremonde et les assiégeants n'eurent plus à compter qu'avec la garnison. »

IV

LA BATAILLE D'ALDENHOVEN; CONQUÊTE DE LA RIVE GAUCHE DU RHIN.

20. Positions respectives des armées en présence. — 21. Description du terrain. — 22. Plan d'attaque; ordre de marche. — 23. Bataille du 2 octobre : aile droite (Schérer); centre (Jourdan); aile gauche (Kléber). — 24. Observations relatives à la bataille. — 25. Résultats : l'armée de Clairfayt repasse le Rhin; occupation de Cologne par les Français; attitude de l'armée prussienne. — 26. Schérer est remplacé par Marceau dans le commandement de l'aile droite. — 27. L'armée de Sambre-et-Meuse garde le Rhin de Dusseldorf à Coblentz.

20. Jourdan avait remis à son armée, le 30 septembre, un drapeau envoyé par la Convention nationale, et qui portait cette inscription :

A l'armée de Sambre-et-Meuse, la Patrie reconnaissante !

C'est par un nouveau bulletin de victoire que l'armée de Sambre-et-Meuse en accusa réception.

L'armée de la Moselle s'était enfin ébranlée; elle marchait sur Kaiserslautern. Rassuré pour son flanc droit, reliant sa gauche avec l'armée du Nord, Jourdan, de concert avec Gillet, était résolu à engager une suprême partie, dont l'enjeu devait être la rive gauche du Rhin.

Gillet au comité.

Haaren, le 8 vendémiaire an II (29 septembre 1794).

« Bourbotte m'annonce que, le 4 vendémiaire, l'armée de la Moselle se mettra en marche, une partie pour Kaiserslautern, et le reste pour se diriger sur notre droite; j'écris à Bourbotte que le chemin pour arriver jusqu'à nous est par Bitbourg, Schonek, Cronembourg et Kerpen; 20,000 hommes suffisent pour cette expédition; ils ne doivent rencontrer l'ennemi qu'à hauteur de Schleyden. Si cette armée tarde encore, cela ne nous empêchera pas de poursuivre nos succès. L'armée de Sambre-et-Meuse est campée dans la plaine d'Aldenhoven, la droite à Eschweiler, la gauche à Geilenkirchen, sur la Worm. Un corps de 18,000 flanqueurs, sous les ordres de Kléber, se porte par Sittard sur la basse Roër, pour observer Ruremonde et pour couvrir notre flanc gauche. La droite sera couverte par les 25,000 hommes de Schérer. Le corps de bataille comprend les quatre divisions qui appartenaient autrefois à l'armée de la Moselle (Lefebvre, Championnet, Morlot, Hatry) et la division de cavalerie Dubois.

Les chemins sont affreux, les convois n'arrivent qu'avec peine ; la Roër est guéable presque partout, mais elle est grossie par les pluies ; ce sont autant d'obstacles, mais nous les vaincrons. *Nous avons promis d'aller au Rhin ; nous n'en aurons pas le démenti.* »

GILLET.

« [1]Le général Clairfayt avait pris, derrière la Roër, la position qu'il avait choisie l'année précédente, et que Dumouriez avait jugée inattaquable.

Cette position est réellement excellente : elle est couverte sur tout son front par la Roër, rivière très-rapide qui se jette dans la Meuse, près de Ruremonde ; la rive droite est bordée partout par des hauteurs assez escarpées et couvertes de bois.

Clairfayt, pendant son séjour sur les bords de la Meuse, avait eu soin de faire retrancher toutes les positions susceptibles d'être attaquées. Sa droite touchait à Ruremonde, son centre était à Juliers et sa gauche à Dueren.

21. « Des plaines à perte de vue avoisinent Aldenhoven et Juliers. On aperçoit dans ces plaines, de distance en distance, des villages entourés de plantations entièrement serrées, qui les font ressembler à des petits bois dominés par un clocher. L'ennemi avait fait occuper ces villages par son infanterie légère, il fermait les trouées intermédiaires par des corps de cavalerie et d'infanterie, protégés par les épaulements d'une nombreuse artillerie.

Sur la rive gauche, la plaine s'abaisse insensiblement jusqu'à la Roër, mais la rive droite est extrêmement escarpée ; les hauteurs qui la dominent sont couronnées de bois.

La Roër était gonflée par des pluies abondantes tombées depuis quelques jours, de sorte que la plupart des gués étaient impraticables ; les bons gués étaient embarrassés par des pieux et défendus par des batteries.

La ville de Juliers se trouvait au centre de l'attaque. Cette ville est fortifiée par des bastions et des redans ; ses fossés sont larges, profonds et pleins d'eau ; la Roër forme deux bras en avant d'elle et une inondation avec un marais sur la droite. Juliers a, en outre, une citadelle carrée défendue par quatre bastions. Le tout est parfaitement casematé, de sorte que la garnison et les magasins sont à l'abri de la bombe.

Les villes de Dueren et de Linnich sont entourées d'un bon rem-

---

[1] Relation de la bataille de Dueren par le général Schérer (manuscrit).

part avec un fossé plein d'eau; de solides retranchements avaient été construits en avant de ces places. »

22. L'ordre de bataille de l'armée française était le suivant :

A l'aile droite (commandant en chef, Schérer), les divisions Marceau, Mayer et Hâquin;

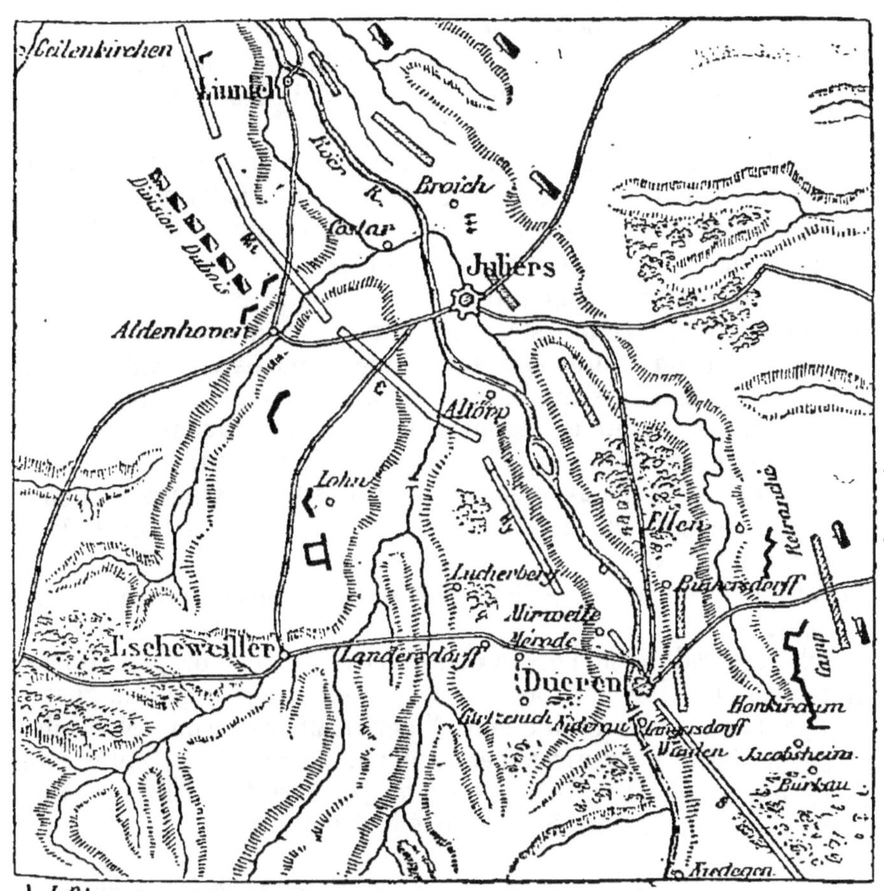

L Lefebvre (Avant-Garde)
Mt Morlot
C Championnet
H Hatry. S.Schérer

Au centre (sous le commandement direct de Jourdan), les divisions Hatry, Championnet, Morlot, Lefebvre (division d'avant-garde);

A l'aile gauche, venue de Maëstricht avec Kléber, les divisions Friant et Richard, l'avant-garde de Bernadotte.

La division de cavalerie Dubois en deuxième ligne, en arrière du centre.

Jourdan avait arrêté, le 1er octobre, les dispositions suivantes, pour la bataille du lendemain :

Aile droite[1]. — Le corps d'armée, qui avait gagné la bataille de Sprimont et qui avait poursuivi l'ennemi jusqu'à quelques lieues de la Roër, était chargé d'attaquer la gauche de l'armée autrichienne, forte de 28,000 à 30,000 hommes.

Cette gauche avait devant elle la ville de Dueren, entourée d'épaisses murailles; le pont en pierre de la Roër avait été fortement barricadé.

Les chemins qui conduisent d'Escheweiler à Dueren étaient rompus en plusieurs endroits; des coupures, des abatis et des fossés artificiels remplis d'eau couvraient le pont de pierre; la ville était défendue par plusieurs bataillons autrichiens.

Derrière ces bataillons était toute l'armée de Clairfayt; une immense artillerie était postée sur les hauteurs qui dominent Dueren.

Dans le cas où la bravoure des troupes françaises aurait emporté la ville et les hauteurs qui la couvraient, l'ennemi s'était préparé un appui pour sa retraite en établissant un camp retranché sur le sommet du plateau qui couronne les hauteurs de Dueren.

Ce camp retranché avait sa droite au-dessus du village d'Ellen et sa gauche près du village de Jacobsheim, en face des bois de Burkau, occupés par quelques troupes légères qui communiquaient avec un petit corps de 4,000 à 5,000 hommes postés à Niedegen sur la Roër.

Schérer avait reçu l'ordre de marcher, le 2 octobre, sur Dueren et de s'en emparer, en forçant les passages de la Roër aux gués et aux ponts qu'il trouverait depuis Nider-Lombach jusqu'à Mirweiler. Il devait faire poursuivre l'ennemi par sa cavalerie, après avoir forcé le passage de la Roër, et se diriger ensuite sur Esen et Honkirdum, où il recevrait de nouvelles instructions.

Centre.—Schérer devait combiner son attaque avec celle du général Hatry, qui avait l'ordre de se porter sur Inden et Gewenich, afin de passer la Dente entre Lammersdorp et Altorp pour se diriger ensuite sur Hambach.

Cette attaque se trouvait reliée par la gauche avec celle du général Championnet. Hatry ne devait exécuter le passage de la rivière que lorsque Championnet se serait emparé d'Aldenhoven.

---

1 Manuscrit du général Schérer.

Hatry était chargé, pour faciliter cette attaque, de jeter quelques corps de cavalerie du côté de Juliers, en laissant Aldenhoven sur la gauche afin de couper la retraite à la garnison.

Le général Championnet avait ordre de se diriger entre Aldenhoven et Sierstorp, afin de chasser tout ce qui se trouverait en avant de Juliers. Il devait ensuite se former en bataille le plus près possible de cette place, pour s'opposer à tout ce que l'ennemi pourrait en faire sortir.

Cette attaque était appuyée à gauche par le général Morlot, qui avait l'ordre de se diriger sur la Roër entre Juliers et Linnich. Il devait laisser Sierstorp à sa droite, se tenir à hauteur de Championnet, puis, en arrivant au bord de la Roër, reconnaître les passages de cette rivière et tenter de les franchir. En cas de succès, Morlot devait marcher sur Gradepoën et lancer sa cavalerie à la poursuite de l'ennemi.

Cette attaque se reliait à gauche à celle du général Lefebvre (division d'avant-garde), qui avait ordre de se diriger sur Linnich, de s'en emparer et de passer la Roër à ce point, en même temps qu'à tous les gués qu'il trouverait sur sa gauche jusqu'à Brakel.

Il devait, après avoir passé la Roër, se diriger sur Gyvernich et faire poursuivre l'ennemi par sa cavalerie.

Aile gauche. — Kléber était chargé de forcer les passages de la Roër en se dirigeant sur cette rivière par Heinsberg et en prolongeant sa droite vers Randerath et sa gauche vers Orsdech. Dans le cas où le passage de la Roër serait forcé, il devait faire poursuivre l'ennemi par sa cavalerie et se diriger sur Huckelhoven.

Kléber était chargé en outre de placer un corps d'observation sur la gauche pour s'opposer à ce qui pourrait venir de Ruremonde.

2e *ligne.* — La division de cavalerie Dubois devait marcher en seconde ligne derrière les divisions Championnet et Morlot jusqu'à ce que l'ennemi fût tout à fait repoussé derrière la Roër. Elle recevrait alors de nouveaux ordres.

Le général en chef, avec tout l'état-major général, devait se rendre au centre de l'armée, à la division Championnet.

Le général d'artillerie Bollemont avait reçu l'ordre de faire avancer, en avant de Newhausen, les pontons qui étaient au grand parc, dix pièces de différents calibres pour remplacer les pièces démontées et l'approvisionnement de munitions nécessaires au ravitaillement des divisions. Le reste du grand parc resta en arrière de Haven.

Il était défendu aux équipages et aux charrettes des cantinières de suivre l'armée. Il était expressément recommandé aux généraux de se faire éclairer dans leur marche avec la plus grande précaution. *Ils devaient marcher en colonnes serrées par division, sans cependant que les colonnes aient une plus grande profondeur que celle d'une demi-brigade.*

La cavalerie avait ordre de couvrir les ailes, et les différentes divisions devaient se protéger et s'aider réciproquement dans leurs attaques respectives.

Bataille du 2 octobre.

23. L'armée se mit en marche à cinq heures du matin; il faisait un brouillard extrêmement épais, qui ne se dissipa entièrement que vers dix heures. Les divisions marchaient dans le plus grand ordre et dans le plus profond silence. L'attaque commença presque en même temps à la droite et à la gauche; ces deux attaques furent suivies peu de temps après par celles des divisions du centre.

« Alors, et pour la première fois depuis la révolution, les républicains offrirent le spectacle d'une armée de 100,000 hommes manœuvrant avec autant d'ordre que de précision et prête à charger l'ennemi[1]. »

AILE DROITE.

Rapport de Schérer.

« Le 2 octobre, à 5 heures du matin, les trois divisions qui étaient à mes ordres, Marceau, Mayer, Haquin, quittèrent leur camp d'Escheweiler et de Saugervehe, pour marcher contre l'aile gauche autrichienne, commandée par le comte de Latour.

La division Marceau, qui formait mon avant-garde, et qui était forte d'environ 10,000 hommes tant d'infanterie que de cavalerie, se porta d'assez bonne heure contre les avant-postes que l'ennemi avait établis sur la rive gauche de la Roër, et elle les força à repasser la rivière.

La moitié de cette avant-garde s'arrêta en face de la ville de Dueren hors de la portée du canon; elle eut ordre de ne commencer l'attaque sur Dueren que lorsqu'elle pourrait être soutenue par la division Mayer.

L'autre moitié, prenant à gauche, se dirigea sur le village de Mir-

1 Jomini, liv. VII, chap. XXXVIII.

weiler, dans l'intention de forcer le gué de la Roër qui se trouve en face, et d'attaquer ensuite la droite de l'ennemi appuyée au bois de Buikersdorff.

Tandis que la division Marceau exécutait cette manœuvre, les divisions Haquin et Mayer, parvenues à la hauteur du village de Curtzenich, quittaient la grand'route de Dueren et prenaient à travers les prairies de droite, pour se porter sur les gués de Winden et de Langersdorf.

La division Haquin avait ordre de passer la rivière à Winden. Pour accélérer le passage, la moitié de la division passa à un gué près de Kerndonck. La division entière, après le passage de la rivière, devait se réunir près de Creutzgau, traverser les bois de Burkau et déboucher dans la plaine qui est en face de Jacobsheim.

Ce mouvement devait naturellement placer la division Haquin sur le flanc gauche de l'ennemi, soit que celui-ci se fût porté en avant de ses retranchements, soit qu'il se fût retiré dans son camp retranché.

La division Mayer avait l'ordre de passer la Roër au gué de Langersdorff, puis de marcher, *sur une ligne de colonnes de bataillons*, contre le centre de l'ennemi, à peu près en face du point appelé la Justice de Dueren.

Toute la cavalerie de cette division fut placée à la gauche, sur un terrain assez découvert, pour qu'elle pût contenir, par ses charges, l'attaque venue de la ville et des hauteurs de Dueren.

Les deux divisions Haquin et Mayer s'étaient séparées, à onze heures du matin, de l'avant-garde pour prendre leur direction vers les points de Langersdorff et de Winden, passages *expressément* indiqués par le général Jourdan.

L'ennemi, placé sur les hauteurs, pouvait voir tous nos mouvements sans qu'il nous fût possible de les lui dérober.

Cette disposition des lieux m'obligea à prescrire aux trois généraux divisionnaires de commencer au même moment leurs attaques respectives.

Le général Haquin ayant le plus de chemin à parcourir, devait donner le signal de l'attaque générale en la commençant lui-même. La raison de guerre commandait impérieusement cette disposition, sans laquelle chaque division, attaquant séparément, pourrait être battue en détail par la presque totalité des forces ennemies.

Par une fatalité assez fréquente à la guerre (surtout lorsqu'on ne connaît pas le pays), cet ordre ne put pas être exécuté, parce que la division Haquin, bien que mise en marche à 4 heures du matin, ne réussit à déboucher des bois de Burkau qu'à la nuit tombante. Cependant elle chassa devant elle toutes les troupes légères qui occupaient les bois, et elle se mit en bataille sur la lisière en portant la majeure partie de la cavalerie sur la droite. Bien que cette division n'ait pas pris une part active au combat livré sur le front des Autrichiens, la position qu'elle avait prise sur leur flanc retint, vis-à-vis d'elle, une fraction assez considérable des troupes ennemies.

Le général Mayer, qui avait moins de chemin et de défilés à parcourir, arriva au gué de Langersdorff et le passa vers les 3 heures de l'après-midi. Il attaqua de suite les troupes qui tenaient de ce côté, les dispersa, malgré un feu meurtrier, et força même une partie de l'aile gauche ennemie à se réfugier dans son camp retranché. Mayer prit ensuite position sur les hauteurs en avant de Niderau et un peu d'écharpe; il plaça sa cavalerie tout entière à son aile gauche; sa droite s'appuyait au point où devait aboutir la gauche du général Haquin. Il était tard; aussi, dès que la division Mayer eut pris position, et bien que la colonne du général Haquin n'eût point encore débouché, j'ordonnai au général Marceau d'attaquer la ville de Dueren et le gué de Mirweiler.

Le général de brigade Nalèche emporta le gué avec beaucoup de bravoure, après une demi-heure d'un combat meurtrier.

Le général de brigade Delorge, chargé d'enlever la ville de Dueren avec six bataillons et quelques escadrons de cavalerie, attaqua en même temps que Nalèche. Les troupes, surmontant avec valeur tous les obstacles que l'ennemi leur avait opposés, le repoussèrent dans la ville et le poursuivirent, la baïonnette dans les reins, jusque dans les rues. Quelques-unes furent défendues pied à pied; mais le courage de mes troupes l'emporta, et les défenseurs s'échappèrent par différentes issues en laissant beaucoup de morts et de blessés en notre pouvoir.

L'ardeur de la poursuite fit tomber la tête de cette colonne sous le feu d'une batterie masquée, qui l'obligea à rentrer précipitamment dans la ville; il y eut un moment de désordre, bientôt réparé par la présence du général Marceau, qui, après avoir forcé le gué de Mirweiler, était accouru à la tête de quelque cavalerie pour seconder l'attaque de Dueren.

Mayer ne voyant pas commencer l'attaque du général Haquin, ne jugea pas prudent de marcher contre le centre des ennemis qui l'auraient facilement débordé et entouré; il se contenta de soutenir avec sa gauche l'attaque du général Marceau.

Vers les six heures du soir, l'ennemi, retiré tout entier sur le plateau de Dueren, dirigea une canonnade terrible contre les divisions Marceau et Mayer, dans l'espoir de les forcer à abandonner le terrain qu'elles avaient conquis. Son feu était bien supérieur au nôtre, puisque la majeure partie de notre artillerie avait été forcée de rester en arrière; mais les deux divisions soutinrent, sans s'ébranler, avec une intrépidité rare, ce feu prodigieux, jusqu'au moment où le général Haquin, débouchant enfin des bois de Burkau, vint se placer hardiment sur le flanc gauche de l'ennemi.

Vers les sept heures du soir, le comte de Latour, inquiet de l'approche de la division Haquin, profita du brouillard qui s'élevait de la rivière et de la nuit qui commençait à tomber, pour se retirer dans son camp retranché, sous la protection de cette violente canonnade.

L'obscurité ne permettant presque plus de distinguer les objets, j'ordonnai aux divisions Mayer et Haquin de bivouaquer sur le champ de bataille et de se préparer à recommencer l'attaque le lendemain, à la pointe du jour, chaque division devant marcher droit devant elle, en quittant la position qu'elle occupait.

Une moitié de la division Marceau bivouaqua, partie en deçà et partie au delà de la Roër, au gué de Mirweiler; l'autre moitié occupa Dueren et ses deux côtés extérieurs, avec ordre de se tenir prête, à la pointe du jour, à seconder l'attaque des deux autres divisions.

L'ennemi, désespérant de se maintenir dans son camp retranché, à cause de la position prise par le général Haquin, qui pouvait, au besoin, le prendre à revers, abandonna, pendant la nuit, les retranchements formidables qu'il avait mis deux mois à construire. Il se retira en toute hâte dans une position choisie derrière l'Erft. »

SCHÉRER.

CENTRE.

Gillet au comité.

« A 5 heures du matin, toutes les colonnes se mirent en marche; toutes attaquèrent avec une égale valeur. En moins de deux heures, le camp de Juliers fut forcé et les redoutes emportées avec une intrépidité sans exemple. La cavalerie ennemie se présenta pour protéger la retraite; elle fut chargée, culbutée et poursuivie jusque sur les glacis de Juliers. Elle ne dut son salut, ainsi que toute l'armée ennemie, qu'au canon de la place, qui nous empêcha de poursuivre plus loin. Le 4e et le 14e régiment de dragons se sont distingués dans cette affaire. Les autres colonnes ont eu un égal succès, mais elles ont éprouvé des difficultés d'un autre genre. Lorsque l'avant-garde (Lefebvre) se présenta devant Linnich, l'ennemi avait détruit le pont, mis le feu à la ville, tous les passages avaient été rendus impraticables; il fallut établir un pont sous un feu terrible d'artillerie et de mousqueterie. Le pont a été jeté sous la protection de notre artillerie, qui, dans cette circonstance comme dans toutes les autres, a prouvé sa grande supériorité sur celle de l'ennemi, au point de l'obliger à abandonner ses redoutes et à se retirer. »

Lefebvre à Jourdan.

« La division d'avant-garde est devant Linnich sans pouvoir passer la rivière; je cherche à faire des ponts; on y travaille même actuellement; la ville de Linnich sera bientôt réduite en cendres. Nous avons fait pas mal de prisonniers, tant à pied qu'à cheval, et nous avons fait sauter beaucoup d'Autrichiens dans la rivière; malgré cela, je désespère de passer la Roër aujourd'hui. Au reste, j'y ferai mon possible. Donnez-moi de nouveaux ordres. Kléber vient de me dire qu'il n'est point encore passé, mais qu'il espère passer sous peu. »

Hatry à Jourdan.

A Lucheberg, 20 octobre (8 heures et demie du soir).

« Je ne me suis pas porté à Dueren parce que c'était à l'entrée de la nuit; j'ai repris ma position en avant de Lucheberg, face à la Roër. Je n'ai pas de pain, je n'en aurai que cette nuit, et ma cavalerie est fatiguée. Je puis être à 5/4 de lieue de Dueren. Je viens de recevoir des nouvelles de Marceau, qui me dit qu'il est le maître de cette ville, mais qu'il n'en peut sortir, l'ennemi tirant continuellement à mitraille sur les débouchés. Marceau a effectué son passage par Mirweiler avec 5 bataillons et 6 à 7 escadrons, mais il ne croit pas pouvoir s'emparer à lui seul de la position; il attend que l'aile droite ait fait son mouvement. Ne crois-tu pas que je ferais bien de me porter dans cette partie demain? Quant au point de passage, il y en a deux ou trois (d'après les paysans), où l'on doit n'avoir de l'eau que jusqu'aux genoux. Il n'est pas possible d'y établir des ponts, faute de chevalets, et l'on ne peut pas faire usage des pontons.

Ce qui m'inquiète, c'est qu'après avoir passé, je serai un certain temps sans pouvoir me servir de mon canon, attendu que la rive droite est boisée.

J'ai marché successivement de Bornen sur Inden et Altorp, puis sur Merken, à portée duquel je suis.

Ma position demande la plus grande vigilance; j'ai entendu, il y a une demi-heure, une forte fusillade dans la partie où doit être Marceau.

Championnet est bien loin de moi, à deux lieues, je crois. »

« Les ponts n'ayant pas pu être construits avant la nuit, le passage de la rivière ne s'effectua pas complétement.

Tout était disposé pour l'exécuter le lendemain matin, lorsque la chute du brouillard nous a laissé voir sur l'autre rive que l'ennemi était en fuite.

On avait fait construire pendant la nuit plusieurs redoutes devant Juliers ; on y avait établi sur-le-champ une batterie d'obusiers pour bombarder la place. Cette batterie commençait à faire un grand effet lorsque le drapeau blanc a été arboré sur la citadelle; une députation des magistrats est venue nous remettre les clefs de la ville, qui avait été évacuée pendant la nuit. La place s'est rendue à discrétion. »

GILLET.

AILE GAUCHE.

Rapport de Kléber.

« Les deux divisions sous mes ordres (Friant et Richard) ayant pris position entre Heinsberg et Dremmen, j'ai fait porter l'avant-garde (Bernadotte) vers la rive gauche de la Roër pour forcer le passage de cette rivière devant Ratheim.

L'infanterie légère, soutenue par 4 compagnies de grenadiers, s'avança sur cette rive pour l'éclairer, et aussitôt un feu terrible de mousqueterie se fit entendre, une grêle de mitraille menaça nos soldats. L'ennemi avait non-seulement dégradé tous les gués, mais encore il avait *hérissé ses redoutes de chevaux de frise, et il avait flanqué ses retranchements, déjà rendus inaccessibles par de doubles fossés.*

Une ligne d'infanterie, postée derrière des marais impraticables et soutenue par des batteries établies à fleur de terre, défendait tous ces ouvrages. Le feu continuel de nombreuses pièces de gros calibre aurait enlevé l'espérance de la victoire à tout autre qu'à des républicains.

On essaya d'établir nos batteries : le feu de l'ennemi s'y opposa avec une fureur extraordinaire, mais l'intrépidité de nos canonniers l'emporta.

L'infanterie s'avance alors au pas de charge, elle fait une fusillade meurtrière, et l'ennemi fuit dans ses retranchements; la canonnade commence de part et d'autre pour ne finir qu'avec le jour. Partout l'ennemi montre l'opiniâtreté la plus soutenue à défendre le passage de la rivière.

J'avais fait construire la veille un pont volant, et, s'il avait été possible de le jeter sur la Roër, le bouillant courage du soldat me présageait sur-le-champ un succès complet; malheureusement, le pont se trouva trop court.

Tous ces obstacles ne font qu'enflammer l'ardeur de nos soldats, ils veulent se servir de la baïonnette pour enlever de vive force ce poste si bien défendu. Les capitaines Hometinay et Vinch, les lieutenants Gérard et Grommand se jettent à l'eau [1]. Les soldats de la 71e demi-brigade, fiers d'être commandés par de pareils officiers, les suivent avec quatre compagnies de grenadiers; tous se mettent en devoir de passer la rivière. Une vingtaine, frappés par la mitraille, se noient; les autres, loin de s'arrêter, s'avancent aussitôt

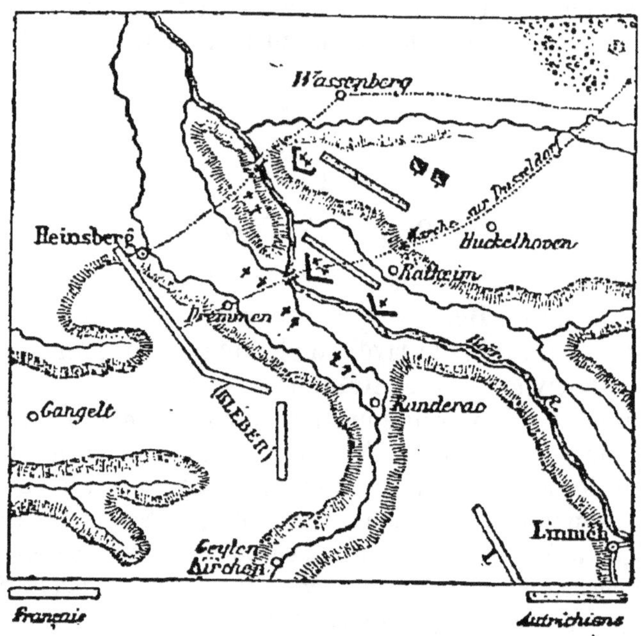

pour venger leurs frères. Plusieurs canonniers du 8e régiment et de la 2e compagnie d'artillerie légère s'occupent à sauver la vie à ceux que les flots entraînent, en leur tendant leurs écouvillons.

Ces mêmes canonniers passent ensuite sur la rive droite, et là ils reconnaissent la nécessité de battre en brèche les retranchements, pour donner à leurs braves camarades la possibilité d'exécuter le passage.

---

1 Bernadotte, général de brigade commandant l'avant-garde, signale parmi les actions héroïques de la journée, celle de Pigache, volontaire de la 71e demi-brigade, qui est sorti le premier des rangs et s'est lancé dans la rivière lorsque le chef de brigade a crié : « Que les plus braves sortent du rang pour donner l'exemple aux autres! » Bernadotte propose que Pigache soit réintégré dans le grade de lieutenant, dont il a été dernièrement destitué par les représentants du peuple. Pigache est un des trois premiers volontaires qui se sont élancés contre les retranchements ennemis. (Réintégré dans ses fonctions par Gillet).

Je fais venir sur-le-champ toutes les pièces de position des deux divisions, et je les fais établir sur la rive gauche.

Le feu redouble, nos soldats s'avancent contre les retranchements, l'ennemi se débande et les abandonne.

Si j'avais pu alors faire passer l'artillerie et la cavalerie sur la rive droite, plusieurs bataillons ennemis et leur artillerie seraient tombés en notre pouvoir; mais le jour baissait, notre pont était trop court, et nous n'avions aucun moyen pour en construire un autre.

L'ennemi s'étant retiré en ne laissant en arrière que quelques troupes pour soutenir sa retraite, je profitai de la nuit pour faire établir des ponts et me mettre en mesure de recommencer le lendemain.

J'ordonnai au général Bernadotte de laisser ses avant-postes sur la rive droite et de prendre position avec son avant-garde sur la rive gauche.

Les dernières troupes autrichiennes ont opéré leur retraite dans le courant de la nuit. Le passage de la Roër par l'aile gauche s'est effectué le lendemain à 10 heures, et c'est alors seulement que les soldats ont compris leur succès en voyant sur toute la ligne les retranchements troués, la terre couverte de sang, et, plus en avant, des fossés de douze pieds carrés remplis de cadavres et de débris de canons. »

KLÉBER.

24. « [1] La perte du corps de Latour dans cette journée peut être estimée à 12,000 ou 15,000 hommes, tués, blessés ou prisonniers; on lui a pris, en outre, 3 pièces d'artillerie.

On peut dire avec certitude que si les deux divisions Mayer et Haquin avaient pu arriver sur le champ de bataille d'assez bonne heure pour entamer une action générale, l'ennemi aurait essuyé une défaite complète. La division Marceau, forte seulement de 10,000 hommes, combattit pendant 5 heures la presque totalité des forces autrichiennes; elle emporta le gué de Mirweiler et prit pour ainsi dire d'assaut la ville de Ducren.

Mayer et Haquin exécutèrent une marche extrêmement difficile et pénible : le premier fit onze heures de marche et le second quatorze heures. Toutes les difficultés d'un pays où jamais une armée n'était passée furent surmontées avec courage et dans le plus bel ordre. Ces deux divisions ont manœuvré comme les troupes les mieux exercées.

---

[1] Manuscrit du général Schérer.

Des fautes graves ont été faites des deux côtés. Jourdan a eu le tort de ne pas ordonner une reconnaissance générale sur tout le front de la Roër.

Des trois divisions sous ses ordres, une seule, la division Championnet, a pu combattre, et elle a soutenu l'effort de presque toutes les troupes autrichiennes. L'ennemi, qui aurait dû être détruit, ne fut que déposté ; il fit sa retraite à la faveur de la nuit, ce qui ne serait pas arrivé si l'on avait eu assez de jour pour l'engager sur tous les points, le déborder, le prendre en flanc et à revers.

Clairfayt, qui connaissait parfaitement le pays, les difficultés que les Français avaient à vaincre et le temps qu'ils perdaient, pouvait amuser Jourdan avec 18,000 à 20,000 hommes, et descendre des hauteurs avec des forces doubles de celles de Marceau.

Marceau battu, que devenaient Mayer et Haquin, pris à revers, pendant que les troupes ennemies qui défendaient les gués de la Roër les auraient attaqués de front.

Je croyais si bien que l'ennemi exécuterait ce mouvement que je ne permis l'attaque de Dueren que lorsque je vis Mayer passer à Niderau : il était trois heures. Ainsi, malgré l'ardeur des troupes, je ne voulus qu'on marchât au plateau qui commandait Dueren que lorsque la division Haquin fut en mesure de seconder l'attaque.

L'ennemi a commis encore une grande faute en n'appelant pas à son aide le corps qu'il avait à Nidegen (4,000 fantassins et 1,800 cavaliers), à travers les bois de Burkau.

Nous avons fait une faute, mais l'ennemi en a fait une plus grosse, qui l'a rejeté jusqu'au Rhin. »

« [1] Cette journée, remarquable autant par les savantes dispositions du général Jourdan que par l'intrépidité des soldats français, immortalise l'armée de Sambre-et-Meuse et ses généraux. C'est là que les divisions de Kléber firent, pendant onze heures consécutives, l'apprentissage périlleux des travaux d'un siége.

Traverser sous le feu de l'artillerie et de la mousqueterie une rivière profondément encaissée, dont les gués avaient été rompus, emporter à la baïonnette des redoutes bien flanquées et hérissées de chevaux de frise, tailler en pièces une infanterie retranchée derrière des marais impraticables et couverts par des batteries à fleur de terre, tout cela fut fait par l'armée de Sambre-et-Meuse avec cette hardiesse qui caractérise les soldats français. »

---

[1] Manuscrit du général Hardy.

Bulletin de l'étranger.

« Après plusieurs affaires d'avant-postes sur la Roër, les Français se sont décidés à une attaque générale, qui a eu lieu le 2 octobre; elle a été sanglante, et l'avantage est resté complétement aux Français. Des lettres de Cologne du 3 conviennent de la défaite de l'armée impériale et annoncent le dessein du général Clairfayt de repasser le Rhin.

Le duc d'York vient d'abandonner la basse Meuse, après l'arrivée de la division Moreau, qui revient de l'Ecluse; il paraîtrait que la marche de cette division a beaucoup contribué à la défaite de Clairfayt sur la Roër.

Après ce succès, les Français annoncent le dessein d'attaquer Wenloo et Maëstricht. On assure que ces places sont cernées; celle de Bois-le-Duc continue à se défendre[1]. » (*Lettre de la Haye, du 7 octobre.*)

« Aujourd'hui, 4 octobre, l'armée autrichienne passe le Rhin. Le général Clairfayt est à Cologne, d'où il doit partir aujourd'hui pour se rendre à Mulheim, son nouveau quartier général. Juliers a été abandonné par les Palatins et les Autrichiens, hier, à sept heures du matin : les républicains en ont pris possession. Le désordre dans l'armée impériale est à son comble, le découragement est général, le soldat crie à la trahison. » (*Lettre de Dusseldorf, du 4 octobre.*)

25. Clairfayt avait repassé le Rhin; il ne restait plus aux Autrichiens sur la rive gauche que Maëstricht, réduit à ses propres forces.

Jourdan au comité.

16 vendémiaire (7 octobre).

« Depuis l'affaire du 11 vendémiaire (2 octobre), nous avons poursuivi l'armée ennemie.

Le 12, elle a pris position en arrière de l'Erft : elle paraissait vouloir nous y attendre; nous avons marché depuis le 13, mais elle avait profité de la nuit et fait sa retraite sur Cologne, où était réunie toute sa cavalerie. Le 14, nous nous sommes approchés, et nous avons reconnu sa position pour attaquer le 15; mais, le 15, l'ennemi a préféré passer le Rhin pendant la nuit, en nous abandonnant

[1] Bois-le-Duc a capitulé le 5 octobre.

Cologne, où nous avons trouvé beaucoup d'artillerie (118 pièces de gros calibre), des magasins immenses, des munitions en abondance[1]. Nous avons ramassé quantité de traînards et de déserteurs. Il y a eu pendant la retraite plusieurs affaires de cavalerie, toutes à notre avantage, notamment le 14 (5 octobre) au soir, où Marceau a pris dans une charge 103 hommes et 96 chevaux. »

JOURDAN.

Rapport confidentiel à l'Electeur Palatin.

De Kreutznach (quartier général prussien), le 7 octobre 1794.

« L'armée autrichienne du général Clairfayt a repassé le Rhin les 2 et 6 octobre au-dessous de Cologne.

Elle est tellement désorganisée que les chefs ont toute la peine possible à retenir leurs soldats. Les Français ont occupé Bonn avant Cologne ; rien ne pourrait, à l'heure qu'il est, les empêcher de passer le Rhin et de détruire complétement les Autrichiens séparés des Prussiens.

Cette manœuvre ne permet plus aux Autrichiens de tirer parti du pont de bateaux établi près de Coblentz et de secourir cette ville menacée.

Les Français sont déjà en pleine marche contre Coblentz, et ils ont déjà repoussé les avant-postes du général prussien Nalkreuth.

Cette marche des Français force à la retraite les corps prussiens de Möllendorf et de Nalkreuth. Leur retraite commence déjà ; elle pourra être achevée vers la fin de cette semaine. Le quartier général

---

1 *Gillet au comité de salut public.*

Cologne, 16 vendémiaire.

« L'armée de Sambre-et-Meuse, chers collègues, avait entrepris de chasser l'ennemi au delà du Rhin. Je vous annonce qu'elle a rempli sa mission. Nous sommes entrés hier dans Cologne, aux acclamations d'un peuple immense qui se pressait sur notre passage pour voir une armée célèbre par une suite non interrompue de victoires.

Les ennemis avaient profité de la nuit précédente pour faire leur retraite au moyen des ponts qu'ils avaient jetés, sur différents points, au-dessous de Cologne. L'armée est satisfaite d'elle-même ; elle jouit de ses travaux en voyant les rives du Rhin, et je crois que les Autrichiens sont encore plus contents de voir cette barrière entre nous et eux, car il ne s'est presque pas écoulé un seul jour, depuis six mois, qu'ils n'aient entendu à leur réveil le bruit de notre canon.

Cologne renferme de grands magasins, une artillerie nombreuse et un arsenal, qui, dit-on, est l'un des mieux pourvus de l'Europe. J'ai donné les ordres nécessaires pour en dresser des inventaires que je vous enverrai aussitôt qu'ils m'auront été remis.

Je vous envoie les clefs des villes de Cologne, Juliers et Aix-la-Chapelle. »

GILLET.

des Prussiens sera transporté à Mayence, le gros de leurs troupes passera le Rhin; il ne restera dans Coblentz que quelques avant-postes.

Si les Français poussent plus loin encore vers les Etats du roi de Prusse en Westphalie, toute l'armée prussienne s'y repliera pour les couvrir. On attend les ordres du roi, qui ne peuvent tarder, car la conservation de ses Etats et ses traités avec les puissances maritimes exigent qu'il prenne ce parti.

La rive droite du Rhin, à l'exception de Mayence et de Cassel, serait alors absolument perdue, et la défense du reste de l'Allemagne serait abandonnée aux Autrichiens, aux troupes du cercle du Saint-Empire et aux habitants du pays.

Quelque nombreuses qu'elles soient, ces forces seront insuffisantes, si on n'a pas la précaution de les approvisionner au plus tôt, de fortifier et de garnir d'artillerie les bonnes positions défensives, d'accumuler les munitions de guerre et de réunir une artillerie volante très-considérable.

Il faut établir une chaîne continue d'avant-postes et envoyer des patrouilles à cheval. Pour tout cela, il faudrait trouver plus d'activité chez les habitants d'outre-Rhin. Peut-être que l'urgence du danger triomphera du flegme germanique, ou bien que, selon le mot du sage Frédéric, « les choses n'en viendront pas au point que l'on craint. » Peut-être aussi que la saison, bien avancée, mettra des bornes aux victoires des Français et que l'hiver nous procurera une paix supportable. »

Baron DE SCHWEILHARD.

26. Schérer avait été, par dépêche du 30 octobre[1], appelé au commandement de l'armée d'Italie. Le vainqueur de Sprimont et de Dueren, en prenant congé de son général en chef, lui paya un juste tribut d'éloges, qui les honorait tous les deux.

« Te dire que je regrette de ne plus servir dans l'armée que tu commandes, c'est te prouver que, depuis que je te connais, j'ai aimé et estimé le général à qui la patrie doit une des plus glorieuses campagnes inscrites dans les fastes du monde. »

SCHÉRER.

---

[1] *Le comité à Gillet.*

« Nous avons jeté les yeux sur le brave général Schérer pour des vues particulières très-importantes. Fais-le partir sans délai avec les aides de camp et adjoints qu'il voudra emmener. »

Charles COCHON, CARNOT, MERLIN (de Douai), DELMAS, TREILLUARD, ESCHASSÉRIAUX.

Ce fut Marceau qui remplaça Schérer dans le commandement de l'aile droite.

Gillet au comité.

7 octobre.

« Schérer sera bien remplacé par Marceau, mais ne nous ôtez pas Kléber[1]; cette seconde perte serait irréparable. Je pars demain matin (8 octobre) avec Kléber pour Maëstricht, où je vais pousser avec la plus grande activité les travaux du siége. Puis nous essayerons de nous emparer de Venloo avant la fin de la campagne, et nous pourrons alors prendre tranquillement nos quartiers d'hiver. Demain, un corps sera détaché pour s'emparer de Bonn. Kléber a bombardé Dusseldorf toute la nuit dernière[2]: elle est en feu; il a sommé les habitants de lui payer un million. Pendant le siége de Maëstricht, nous aurons 40,000 à 45,000 hommes devant Maëstricht, 10,000 devant Bonn, 20,000 à Cologne, 20,000 à Dusseldorf, 10,000 à Ruremonde. Tous ces corps communiqueront entre eux et pourront se rassembler en peu de temps, si l'ennemi veut tenter de repasser le Rhin, ce qui n'est pas à présumer. »

GILLET.

27. Le 10 octobre, la Convention décrétait encore une fois que l'armée de Sambre-et-Meuse ne cessait de bien mériter de la patrie.

Carnot à Gillet.

12 octobre 1794.

« L'armée de Sambre-et-Meuse a pris l'heureuse habitude de prévenir nos vœux et ceux de la Convention nationale....

La correspondance que vous devez avoir avec l'armée de la Moselle a dû vous apprendre que son dessein est de joindre sa gauche à votre droite pour garder le Rhin jusqu'à Coblentz, d'où elle espère chasser l'ennemi pendant qu'une autre de ses colonnes se joindra à l'armée du Rhin pour entrer dans le Palatinat et pousser l'ennemi jusque sous les murs de Mayence.

---

[1] Kléber fut enlevé à l'armée de Sambre-et-Meuse, le 21 novembre 1794, pour prendre le commandement de l'armée devant Mayence.

[2] *Kléber à Gillet.*

Neuss, 7 octobre.

« J'ai vengé Landrecies en incendiant Dusseldorf; ma position militaire exigeait d'ailleurs cette exécution. »

KLÉBER.

Cette combinaison nous rendrait maîtres de toute la rive gauche du Rhin, et nous croyons son succès assuré pour peu que l'armée de Sambre-et-Meuse puisse seconder celle de la Moselle en s'étendant le long du Rhin jusqu'à Coblentz. »

CARNOT.

V

L'ARMÉE SOUS MAESTRICHT.

28. Nouvelles sorties de la garnison. Travaux de contrevallation. — 29. Retour de Kléber. — 30. Description des fortifications de Maëstricht. — 31. Plan d'attaque. — 32. Répartition de l'armée de siége entre les trois attaques. — 33. Marceau prend Coblentz.

28. « [1] Pendant que Jourdan livrait cette bataille décisive sur les bords de la Roër et pendant qu'il en recueillait les résultats, la garnison de Maëstricht cherchait à troubler, par le feu de son artillerie, les travaux de contrevallation des assiégeants, sans pouvoir ralentir leur ardeur.

Le 6 octobre, elle tenta par la porte de Bruxelles une sortie de cavalerie soutenue par quelques bataillons. Nos avant-postes la reçurent avec la contenance la plus ferme. La batterie établie en avant de Kessel l'obligea à une prompte retraite et elle fut reconduite jusqu'au pied de ses glacis par les tirailleurs français et les piquets de cavalerie. La nuit du 8 octobre fut employée à élever des épaulements entre la Meuse et le Jecker, à 250 toises du fort Saint-Pierre, afin de protéger la tranchée qu'on devait ouvrir très-près de ces glacis.

Ces ouvrages donnèrent de l'inquiétude à l'ennemi, qui y concentra le feu du fort pendant 3 ou 4 jours et qui dirigea contre eux une sortie, dans la nuit du 9.

900 hommes d'infanterie partirent des chemins couverts, à dix heures du soir, et se dirigèrent sur la droite des ouvrages. N'ayant pas pu enfoncer le 4e bataillon de chasseurs à pied, ils se portèrent rapidement sur la gauche, où ils trouvèrent moins de résistance de la part de deux compagnies de grenadiers ; l'ennemi réussit à combler un épaulement. Cette attaque de front couvrait la marche secrète de 200 chevaux qui tournaient les postes de l'armée française par le vallon de Neder-Kanne. La compagnie de grenadiers chargée de défendre la gorge qui conduit au plateau du mont Saint-Pierre n'ayant pas su l'arrêter, cette cavalerie s'empara de toute la partie gauche, et elle pénétra même jusqu'au delà des retranche-

[1] Manuscrit du général Hardy.

ments et du camp, placés au centre du plateau. Déjà elle s'était emparée d'une pièce de canon, d'un obusier et d'un caisson, lorsque les chasseurs à pied et un escadron du 3e régiment de chasseurs à cheval fondirent sur elle avec impétuosité, la mirent en déroute et lui arrachèrent les pièces françaises qui cheminaient déjà vers le fort.

La bravoure de ces deux troupes rendit inutile une sortie qui serait devenue funeste au corps d'investissement, si l'ennemi avait réussi à tomber sur ses derrières, en tournant le village de Kanne.

Cette affaire coûta aux chasseurs à pied 8 tués, 7 blessés et 6 prisonniers, mais ceux-ci réussirent à s'échapper ; l'ennemi laissa sur le champ de bataille 60 morts et 10 ou 12 prisonniers parmi lesquels étaient 2 officiers blessés. Plusieurs de ces prisonniers étaient ivres; on les trouva endormis dans les baraques des chasseurs français.

Des déserteurs arrivés ce jour-là racontèrent qu'on avait fait boire aux hommes commandés pour l'expédition, non-seulement la ration d'eau-de-vie de plusieurs jours augmentée d'une ration extraordinaire, mais encore celles de leurs camarades restés dans la place.

Quelques-uns de ces déserteurs purent donner, en français, des renseignements précis sur le fort Saint-Pierre. Nous y reviendrons en détail quand nous parlerons du projet d'attaque de vive force du fort.

Pendant que ces choses se passaient entre le Jecker et la Meuse, la garnison tentait une seconde sortie par la porte de Tongres, mais elle ne réussit même pas à refouler les avant-postes français.

Le général Duhesme, averti que la garnison avait de nouveaux desseins pour la nuit du 10 octobre, appela à son secours les détachements de Reckem et de Lonacken.

L'ennemi crut cette fois qu'il réussirait mieux en éclairant le terrain avec un grand nombre de pots à feu et en faisant tonner l'artillerie du fort Saint-Pierre ; une vive fusillade le ramena promptement dans ses murs.

A deux heures du matin, la place lâcha quelques soldats par la porte de Tongres, mais à peine étaient-ils sortis de leurs chemins couverts que le feu des tirailleurs les obligea à y retourner.

Cependant les officiers du génie déployaient une grande activité : deux ateliers de gabions et de fascines avaient été organisés dans les bois voisins de la place, sous la direction du capitaine Briquelet.

Les deux grands ponts sur la Meuse au-dessus et au-dessous de Maëstricht, les petits ponts jetés sur le Jecker étaient achevés ; il ne restait plus qu'à lier les redoutes entre elles pour compléter la ligne de contrevallation.

29. « Toutes les dispositions étaient prises pour porter le dernier coup à la place investie, lorsque Kléber arriva sous ses murs, le 11 octobre, à la tête des deux divisions qui venaient de s'illustrer sur les bords de la Roër. »

Le jour même il prit le commandement de l'armée sous Maëstricht et le lendemain il arrêta le plan d'attaque. Le général Marescot, qui fut le principal inspirateur de ce plan, a fait, après le siége, une description des fortifications de Maëstricht qui nous permettra d'apprécier toute la valeur de son projet d'attaque.

30. DESCRIPTION DE LA PLACE DE MAESTRICHT PAR LE GÉNÉRAL MARESCOT.

Rive gauche.

« L'enceinte de Maëstricht comprend 15 à 16 bastions.

C'est une ancienne enveloppe, surmontée de quelques cavaliers avantageusement placés, et parsemée de tours à l'antique, entremêlées de quelques bastions.

Les dehors, construits à différentes époques, sont fortifiés suivant les divers systèmes des ingénieurs qui y ont mis successivement la main.

1° *Depuis la Meuse jusqu'à la hauteur de Cawemberg*, l'enceinte est défendue par quelques bastions détachés, par deux ouvrages à cornes et quelques lunettes avancées.

Le corps de place et les lunettes sont seules revêtus. Les deux ouvrages à cornes et les autres ne tirent leur sûreté que de leurs fossés pleins d'eau, d'un bon avant-fossé et des lunettes avancées susdites, dont cependant les revêtements sont trop bas. Tous ces ouvrages sont en terre; ils ne sont défendus que par quelques faibles palissades et par des haies vives plantées sur la berme.

C'est sans contredit la partie la plus faible de l'enceinte. La situation basse ne permet pas d'y préparer les chicanes de la guerre souterraine; à peine quelques fourneaux pourraient-ils être placés çà et là sous les saillants. Aussi n'a-t-on pas balancé à y conduire, en 1748, la principale attaque. C'est de ce côté que s'est fait le simulacre de siége de l'année dernière (Miranda).

Les batteries placées sur la rive droite de la Meuse prennent d'enfilade le corps de place et à revers les dehors. Faute de traverses, les banquettes sont inhabitables.

Du reste, les remparts, les parapets, les banquettes, les plates-formes, les rampes, etc., sont dans le meilleur état, non-seulement

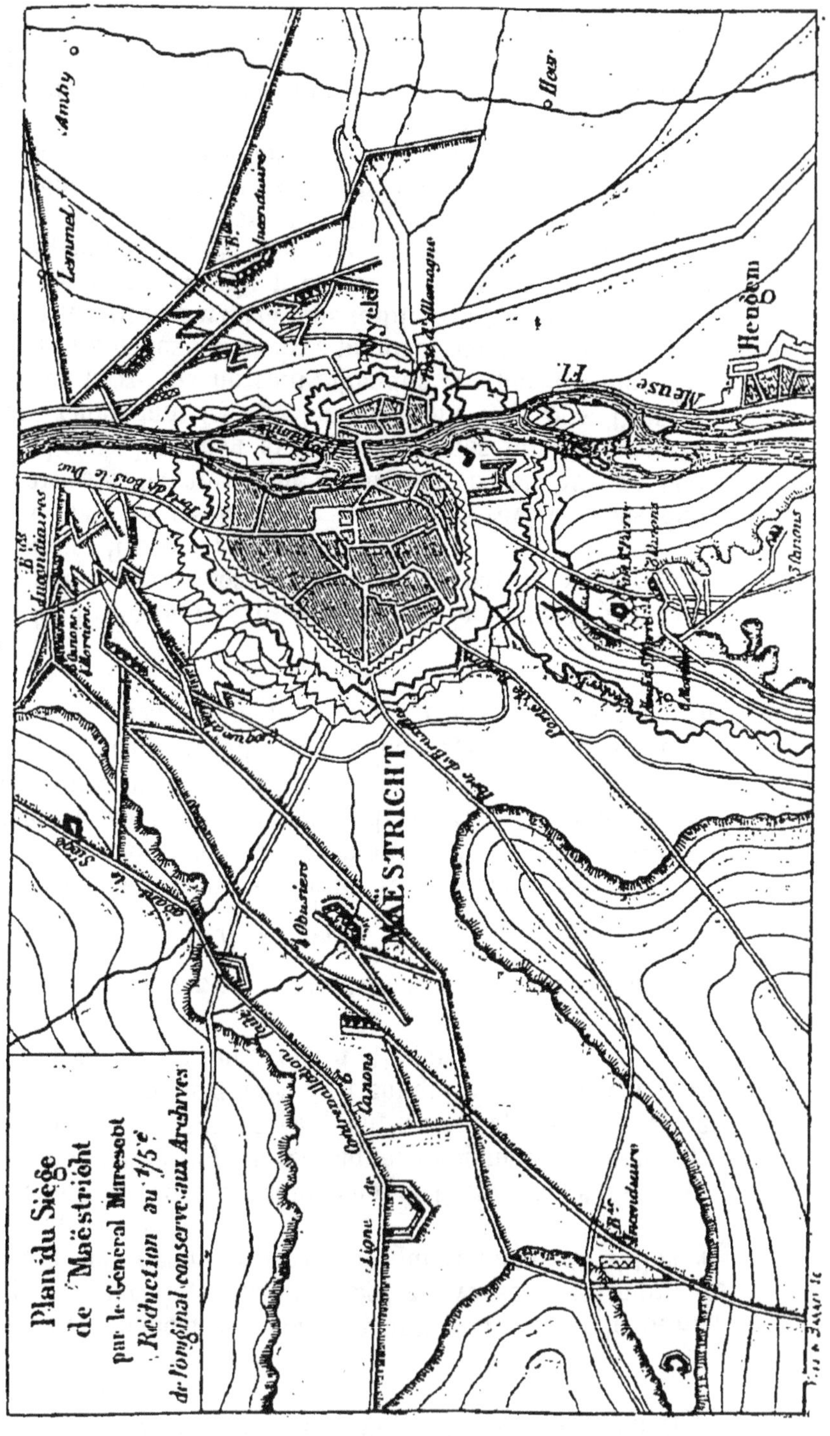
Plan du Siège
de Maëstricht
par le Général Mirresobt
Réduction au 1/5e
de l'original conservé aux Archives
MAËSTRICHT
Meuse Fl.
Heugem
Amby
Hoog
Ligne de Contrevallation
Canons
Obusiers
Porte de Bois le Duc
Porte d'Allemagne
Wyck

dans cette partie, mais encore dans tout le reste des fortifications de Maëstricht.

2° A mesure que l'on gravit la *hauteur de Cawenberg* et qu'on s'avance vers la porte de Bruxelles, on rencontre des ouvrages plus importants, protégés par des revêtements presque tout neufs.

Leur tracé, exécuté dans le goût de Coëhorn, présente beaucoup de parties mortes, d'autant plus susceptibles d'escalade que les escarpes sont fort basses. Les fermetures à la gorge des ouvrages ne semblent pas non plus présenter d'assez grands obstacles à un assiégeant un peu entreprenant.

La meilleure défense de cette partie, dont les fossés sont secs, se tirerait des contremines.

Les communications avec le corps de place ne sont pas assez nombreuses; les tenailles manquent, et aucun mur ne couvre les poternes.

3° *De la porte de Bruxelles à celle de Tongres*, la fortification est la même, mais les ouvrages sont moins bien défilés.

4° *De la porte de Tongres à la Meuse*, le Jecker remplit les fossés; les ouvrages extérieurs, quoique très-multipliés, ne sont ni revêtus, ni fraisés, ni palissadés. Ils sont puissamment défendus par l'inondation de la rivière, et surtout par le fort Saint-Pierre, qui les couvre immédiatement et qui prend de puissantes vues de revers sur tous les environs.

5° *Fort Saint-Pierre*[1]. — Quelque imposante que soit la position de ce fort, quelque puissante que soit la protection qu'il donne, par

---

[1] Nous donnons *in extenso* ce mémoire du commandant Boisgérard, comme exemple du parti qu'on tirait à cette époque des rapports des déserteurs.

Détails sur le fort Saint-Pierre.

« Il résulte du rapport des déserteurs ennemis sur le fort Saint-Pierre, que l'on rencontre deux obstacles sur le chemin de la ville au fort. Le premier est une barrière qui ferme un rang de palissades (dont la partie droite est plantée debout et dont la gauche est en fraise) au-dessus du chemin. Ce chemin, fermé par une barrière à l'endroit du retranchement, descend du fort sur le flanc gauche de la montagne. C'est par ce chemin et par celui de droite, qui est beaucoup plus bas, qu'on pourrait essayer de tourner le fort.

Le deuxième obstacle est la barrière d'un petit retranchement flanqué, à droite et à gauche, par deux pièces de canon qui découvrent tout l'horizon du côté de la ville. Les terres de ce retranchement sont soutenues, de ce côté, par un petit mur de trois à quatre pieds de hauteur, sans fossé au pied, de manière qu'on arrive à la barrière sans passer de pont. Ce retranchement se prolonge sur la droite; on en aperçoit le revêtement extérieur du château de Neder-Kanne. L'ennemi y a percé ses vues de revers, sur les travaux d'approche de l'assiégeant, depuis la porte de Tongres jusqu'aux environs de la porte d'Allemagne, toujours est-il qu'il pouvait être placé encore plus avantageusement.

---

plusieurs embrasures, et c'est de là qu'il tire avec des pièces de gros calibre sur notre attaque.

Après avoir franchi la barrière, on arrive à la porte du fort en montant un peu à droite sans rencontrer d'obstacles; la porte est de plain pied avec le fond du fossé par lequel on y arrive. Cette porte est ouverte le jour; la nuit, elle est fermée et barricadée; elle ferait peu de résistance. La porte ouverte, on monte cinq ou six marches et l'on trouve, sur un palier, deux portes qui mènent, l'une dans la galerie (enveloppe crénelée qui fait le tour du fort), l'autre dans les souterrains qui contiennent les vivres pour la semaine.

Un peu plus en avant, deux escaliers conduisent au terre-plein du fort, en face de la porte d'une galerie de cinquante pas de longueur. Au bout de cette galerie, une seconde porte; on descend quelques marches en tournant un peu à gauche, et on se trouve devant l'ouverture d'un puits qui ne doit servir qu'en cas de blocus. On descend dans ce puits par un escalier tournant de 106 marches (deux des dernières sont cassées, ce qui rend son usage très-dangereux). Au bas de l'escalier commence une caverne fermée par une porte à travers de laquelle on entend le vent souffler. Le tout est obscur. C'est dans cette entrée de caverne qu'un poste de trois hommes et d'un caporal, relevé toutes les trois heures, a la consigne d'avertir au moindre bruit et à la plus faible lueur.

Revenons aux escaliers qui conduisent au terre-plein du fort. Quelques déserteurs, que j'ai essayé de faire dessiner, quoiqu'ils n'eussent jamais tenu un crayon, m'ont fait un fort carré; un seul l'a fait rond. Il n'y a pourtant pas de doute qu'il n'ait la forme marquée sur les plans; il n'y a d'ailleurs pas eu de contradiction pour les détails.

Il y a ordinairement 60 à 80 hommes dans l'intérieur du fort; le reste des 150 hommes qui forment l'effectif total de la garnison fournit des postes dans les chemins couverts.

On m'a répété plusieurs fois que l'on ne pouvait placer de pièces de gros calibre sur le fort même, parce que c'est une masse creuse, et que la pierre dont il est bâti est de très-mauvaise qualité. Son armement actuel est d'environ 20 bouches à feu.

A la garnison intérieure du fort, il faut ajouter les canonniers, car je sais que dans la galerie d'enveloppe il y a des fusils pour les bras qui ne sont pas armés. Les 150 hommes sont tous Hollandais.

Quelques chasseurs gardent les avant-postes en dehors des chemins couverts. Il n'y a que deux ou trois canonniers par pièce; les autres sont des mazettes.

Du fort, on redescend dans le fossé par les mêmes escaliers; il n'y a point de galerie d'enveloppe crénelée sous la contrescarpe.

A droite et à gauche du saillant de la contrescarpe sont deux portes uniques; celle de droite ferme un petit souterrain où le commandant du fort nourrissait une chèvre; celle de gauche est une entrée de mine sur laquelle je n'ai aucun renseignement.

Près de l'escalier à gauche, dans le fond du fossé, est une petite baraque adossée à la contrescarpe, où les soldats vont boire la goutte.

Aux angles d'épaule formés par les faces et les flancs sont deux escaliers adossés à la contrescarpe, pour monter du fossé dans le chemin couvert; ces escaliers ont environ 25 marches, en sorte qu'on peut estimer la contrescarpe à 15 pieds. On me dit que trois hommes de front y peuvent monter, et qu'il y a une rampe en fer pour empêcher de tomber dans le fossé. Les déserteurs d'hier m'ont appris la triste

Il est manifeste qu'il aurait dû être porté plus en avant, afin d'occuper la pointe de la hauteur. Il a si peu de découverte et les approches en sont si faciles qu'on peut y ouvrir la tranchée à une demi-portée de fusil. Il est clair encore qu'il est trop petit et qu'il ne peut contenir une garnison assez forte pour se faire craindre au dehors. Enfin, ce fortin ne tirant pas sa défense de la place, rien ne justifie la forme pentagonale qu'on lui a donnée, uniquement pour se conformer à l'usage. La galerie crénelée qui l'enveloppe n'a d'autre utilité que de mettre les hommes de garde et les munitions à l'abri de la bombe.

L'immense caverne creusée dans le mont Saint-Pierre est une véritable ville souterraine, capable d'abriter les habitants, les malades, les blessés, les richesses du pays et les munitions de toutes espèces.

Rive droite.

Faubourg Wyck. — L'enceinte de Wyck est bastionnée et défendue par des fossés pleins d'eau. Au lieu de demi-lunes et de contre-gardes, une seconde enveloppe continue (et en terre seulement) recouvre le corps de place. Cette pratique est vicieuse en ce que cette seconde enceinte, une fois qu'elle a été forcée en un point, l'est partout.

Autour de Wyck, des lunettes détachées sont destinées à couvrir le flanc droit du front de Bois-le-Duc. Elles ont des souterrains suffisants pour y retirer une partie des défenseurs. Entre ces ouvrages et la Meuse court un petit chemin très-dangereux. Le sort de toutes ces lunettes dépend d'une faible barrière de bois. Un assiégeant un peu entreprenant l'aurait bientôt brisée et entrerait dans la lunette et le redan par la gorge.

7° *Iles Saint-Antoine et Saint-Pierre.* — Les redoutes et les batteries établies dans ces deux îles ont les propriétés précieuses d'être presque inaccessibles, de prendre des revers sur les environs, d'empêcher l'assaillant de se loger dans les ouvrages voisins et de préserver Maëstricht des surprises qui pourraient être tentées, par la Meuse, avec des bateaux armés. »

MARESCOT.

---

nouvelle qu'on avait rompu ces escaliers sur une certaine hauteur, et qu'on y avait suppléé par des échelles de meunier.

On sort du chemin couvert et de l'avant-chemin couvert par des barrières ordinaires; une caponnière conduit de l'un à l'autre..... »

Neder-Kanne, le 29 vendémiaire

Le chef de bataillon du génie,

BOISGÉRARD.

31. Plan d'attaque de Maëstricht.

« [1] L'attaque se fera sur trois points :

1° Sur la porte de Bois-le-Duc,
2° Sur le faubourg de Wyck,
3° Sur le fort Saint-Pierre,

pour les motifs suivants :

La situation basse du terrain du côté de la porte de Bois-le-Duc donnera peu d'inquiétude au sujet de la guerre souterraine. Cette attaque, cependant, s'étendra du côté de la porte de Bruxelles et cheminera à la fois dans la plaine et sur la hauteur, de manière à intriguer l'ennemi et à ne pas perdre de temps, si les débordements de la Meuse, qui sont à craindre dans cette saison, nous obligeaient à abandonner le cheminement dans la plaine. Le terrain du côté de Wyck paraît aussi peu favorable aux mines que le précédent, mais les batteries de ces deux attaques se prendront réciproquement à revers et pourront ricocher leurs ouvrages.

La troisième attaque, moins considérable que les autres, celle du fort Saint-Pierre, aura pour objet de diviser l'attention de la garnison. Ce ne sera qu'une fausse attaque, si celle de la plaine réussit; mais elle jouera un rôle essentiel, si le débordement de la Meuse du côté de la porte de Bois-le-Duc nous oblige à diriger les travaux vers le saillant (S) voisin de la porte de Bruxelles, saillant défendu par un grand système de mines. Dans ce cas, l'attaque de Saint-Pierre favoriserait singulièrement le cheminement difficile par les revers et les enfilades qu'elle prendra sur cette partie de la place.

La Meuse a respecté nos travaux de la plaine, mais l'attaque de Saint-Pierre a offert des épisodes très-piquants, que nous raconterons en détail. Toutes les dispositions étaient prises pour enlever le fort d'assaut, quand la place a capitulé.

226 bouches à feu paraissaient nécessaires au projet d'attaque qui venait d'être arrêté; mais la difficulté des transports et la disette des fourrages ne permirent pas au général d'artillerie Bollemont de disposer de plus de 200 pièces, réserve comprise.

Le prince de Hesse paraissait résolu à une défense vigoureuse ; depuis quelques jours, son artillerie faisait un feu incessant, surtout au fort Saint-Pierre, qui tirait sans relâche sur les batteries construites à une demi-portée de fusil de ses glacis.

---

[1] Manuscrit du général Hardy.

Il avait cru d'abord que l'armée française ne porterait point ses regards sur un fort qui avait été respecté dans tous les siéges précédents, et il avait en conséquence mis peu de canons sur ses remparts; mais la vue des ouvrages en construction le détermina à renforcer de 7 pièces l'artillerie du fort, pour empêcher les travailleurs de continuer leurs épaulements.

32. « Le général Kléber, pressé d'effectuer les menaces de la première sommation, distribua, dès le 22 vendémiaire (13 octobre), l'armée de siége de la manière suivante :

1° *Attaque principale (porte de Bois-le-Duc).*

Commandant : le général de division Duhesme;
Général de brigade : Daurier;
Adjudants généraux : Ormancey, Ployer;
Génie : Chasseloup, Lagasune, Schalendorf, *chefs de bataillon;* Montfort, Blein, Fabre, Vallongue, Blanc, Ducamp, Bourienne[1], Toussaint, *capitaines;*
26 bataillons répartis entre le Jecker, en avant de Neder-Kanne, jusqu'à la Meuse, à hauteur de Smermaës;
Quartier général à Kanne.

2° *Attaque de Wyck.*

Commandant : le général de brigade Bernadotte;
Généraux de brigade : Hardy, Duplouy, Barjonnet, et Bonnard, commandant l'artillerie.
Adjudants généraux : Mireur, Perrot;
Génie : Duclos, Flayelle, Parisis, *chefs de bataillon;* Detroye, Godard, Marescot (cadet), *capitaines;*
15 bataillons, formés en demi-cercle autour de Wyck et s'appuyant à la Meuse, au nord à Opharen, au sud à Heughem;
Quartier général à Bemeley.

3° *Attaque du fort Saint-Pierre.*

Commandant : le général de brigade Poncet;
Adjudant général : Mortier;
Génie : Boisgérard, *chef de bataillon;* Dalquier, Soulage, Geilotte, Causse, *capitaines;*
8 bataillons entre le Jecker et la Meuse.

---

1 Blessé pendant le siége.

Le général Boisset prit le commandement de toute la cavalerie, qui était répartie, tant sous les murs de Maëstricht (3e et 12e chasseurs), que le long de la Meuse jusqu'à Ruremonde. »

L'armée sous Maëstricht avait un effectif d'environ 36,000 hommes.

Le quartier général de Kléber était à Pétersheim.

Le général de division Bollemont, *le père Bollemont*, comme l'appelle Gillet, commandait en chef l'artillerie. Le génie était dirigé par le chef de brigade Marescot, le Vauban des guerres de la Révolution [1].

33. Il restait à Jourdan bien peu de monde pour garder la rive gauche du Rhin et faire face à Clairfayt, qui occupait la rive droite.

Jourdan à Marceau.

18 octobre.

« J'ai 35,000 hommes au siége de Maëstricht, des garnisons à Dinant, Namur, Charleroy, Huy, Liége, Bruxelles, Louvain, Aix-la-Chapelle et Juliers. J'ai 10,000 hommes à Cologne, 12,000 à Neuss pour observer Dusseldorf et pour correspondre avec l'armée du Nord; 8,000 à Bonn, sous Marceau, pour garder cette ville et correspondre avec toi. Tu vois le peu qui me reste pour faire face à l'armée autrichienne, qui est toujours devant moi sur la rive droite du Rhin. »

JOURDAN.

Mais cette armée tant de fois victorieuse ne comptait plus l'ennemi. Marceau, par une pointe audacieuse, vint, après quatre jours de marche, ranger sa division en bataille devant Coblentz, et le 23 octobre, cette redoutable place forte, menacée d'ailleurs par l'avant-garde de l'armée de la Moselle, capitulait aux premiers coups de canon.

[1] Le commandant en second du génie était le chef de bataillon Saint-Jullien.

VI

JOURNAL DU SIÉGE.

34. Retard du matériel de siége. — 35. Emplacements des batteries. Ordres de détail. — 36. Ouverture de la tranchée, 23 octobre. — 37. Première parallèle. — 38. Cheminements vers la deuxième parallèle; la caverne du mont Saint-Pierre. — 39. Ordres donnés pour l'assaut du fort Saint-Pierre. — 40. Deuxième sommation de Kléber. — 41. Guerre de mines et duel d'artillerie.

34. Sur les 200 pièces de siége qu'avait demandées Marescot, le général Bollemont, au 18 octobre, n'en avait encore réuni que 11. Gillet avait pris la poste [1] pour hâter l'envoi de toute l'artillerie qu'on trouverait disponible dans les places voisines; mais l'armée, mal vêtue, peu nourrie, campée dans la boue, s'engourdissait, et Kléber frémissait d'impatience [2].

Il se disposait à ouvrir le feu avec une seule batterie de 20 pièces, lorsque Gillet revint de Namur, le 22 octobre, annonçant que, sous trois jours, 100 pièces au moins pourraient être réparties entre les trois attaques, et que les autres suivraient bientôt [3].

---

[1] *Gillet au comité.*

18 octobre.

« Il y a beaucoup de gens qui crient : *Vive la République !* quand les batailles sont gagnées, quand les villes sont prises; mais il y en a beaucoup moins qui veulent se déranger de leur impassible tranquillité pour seconder les mesures qui préparent le succès. Je suis parti à 8 heures de Petersheim; la voiture que j'avais prise pour courir la poste a cassé à une lieue et demie. Je vous écris en attendant les chevaux..... »

GILLET.

[2] *Kléber à Gillet.*

Petersheim, 20 octobre.

« Crispé, tourmenté, travaillé par l'ennui et l'impatience, je viens, mon ami, d'arrêter avec Marescot qu'il sera ouvert, dès aujourd'hui, quelques communications vers une batterie de 20 bouches à feu, qui sera terminée dans trois jours, et avec laquelle nous commencerons le bal en incendiant la ville.

Si le gouverneur ne veut que les apparences d'un siége pour sauver son honneur, il aura là une occasion de composer et de se rendre. Ce petit procédé vaudra bien une belle sommation, en même temps qu'il tirera tout le monde d'un engourdissement pernicieux. C'est une mesure partielle, je le sais bien; mais le diable n'y tiendrait pas davantage, et moi je périrais de langueur.

Reviens au plus tôt. J'ai beau crier, j'ai beau écrire et menacer, les choses n'en vont pas mieux, quant aux subsistances; ce qui me fait croire que, sans exception, nos commissaires n'y entendent rien et ne valent pas *pipette*. »

[3] « Pour hâter la reddition de Maëstricht, il fallait préparer les moyens les plus formidables.

La difficulté des transports fut la seule à vaincre; elle le fut par les ordres et les démarches de Gillet à l'armée, de Lacoste et de Roger-Ducos à Valenciennes.

300 canonniers vinrent de Paris, de l'armée du Nord, des places frontières, des

Le général Kléber renonça alors aux mesures partielles qu'il avait prises, à défaut de tout autre moyen offensif.

« [1] La fin de la belle saison et l'approche du mauvais temps, qui allait contrarier les travaux du siége, avaient pu seulement le faire consentir à l'établissement de quelques batteries incendiaires. Il savait combien sont faibles les ouvrages isolés, quand ils ne sont pas reliés par des parallèles, ou quand ils ne sont pas armés d'une artillerie suffisante pour imposer à l'ennemi.

L'arrivée du matériel si longtemps attendu le détermina à presser les grandes opérations contre Maëstricht.

Le général Marescot fut mandé, et l'ouverture de la tranchée, aux deux premières attaques, fut fixée à la nuit du 2 au 3 brumaire (du 23 au 24 octobre); celle du fort Saint-Pierre, à la nuit du 5 (26 octobre).

35. « Les officiers du génie et de l'artillerie se réunirent aussitôt pour arrêter, de la manière suivante, l'emplacement des batteries :

1° *A l'attaque principale.*

Une batterie à ricochet, sur le prolongement des saillants de l'ouvrage le plus voisin de la rive gauche de la Meuse;

Une autre, en avant de Smermaës, battant l'ouvrage à cornes de droite;

Une troisième, à gauche de Cawemberg, pour enfiler la longue courtine du corps de place qui fait face à la rive gauche de la Meuse;

La quatrième avait été déjà arrêtée; elle était construite sur la rive gauche du Jecker, afin d'enfiler une des faces de l'angle flanqué du fort Saint-Pierre.

2° *A l'attaque de Wyck.*

Une batterie à ricochet, près de la rive droite de la Meuse, dirigée sur les redoutes qui sont à droite du faubourg de Wyck;

Une seconde, en avant de la première parallèle et à gauche de la précédente, pour prendre à revers la longue courtine du corps de place, sur la rive gauche de la Meuse.

---

dépôts et des parcs d'artillerie. Il n'y avait qu'un cinquième de canonniers de régiments; la plupart, officiers ou soldats, ignoraient ce que c'est qu'un siége et n'apportaient que leur bonne volonté. » (*Les opérations de l'artillerie de Sambre-et-Meuse en 1794*, par le général Bollemont. — Manuscrit.)

[1] Manuscrit du général Hardy.

3° *A l'attaque Saint-Pierre.*

Une batterie à ricochet sur la droite de l'attaque, en avant de la première parallèle, pour battre l'ouvrage de l'île Saint-Pierre et la partie droite du fort;

Une deuxième, à la gauche de l'attaque, prenant à revers les ouvrages de droite de la place;

Une troisième, sur le prolongement de la face droite du fort Saint-Pierre.

Enfin, le système cruel de bombardement et d'incendie, employé par l'ennemi contre plusieurs villes françaises (Lille, Landau, Thionville, etc.) engagea les généraux français à user des mêmes moyens pour réduire Maëstricht.

On décida la construction de trois batteries incendiaires; deux à l'attaque principale, devant les portes de Bois-le-Duc et de Bruxelles; la troisième, devant le faubourg de Wyck. »

Gillet au comité.

Petersheim, 1er brumaire (22 octobre).

« Environ 80 pièces sont arrivées à leur destination avec la poudre et les munitions; nous en avons trouvé beaucoup sur la route, et plus de 800 canonniers sont occupés à expédier le reste, de sorte que, dans trois jours, nous pourrons avoir environ 120 bouches à à feu; il y en aura 226 dans huit ou dix jours.

« Mais nous n'attendrons pas pour commencer que tout soit arrivé; 120 pièces peuvent déjà compter pour un bon début; il nous suffit d'être assuré que le reste arrivera successivement dans un délai très-court.

« En conséquence, dès l'avant-dernière nuit, Marescot a fait faire, sur le grand front d'attaque de la porte de Bois-le-Duc, des communications entre les redoutes qui forment la ligne de contrevallation. Cette ligne, placée à 400 toises de la place, pourrait déjà compter pour une première parallèle, mais les ingénieurs ne la regardent pas ainsi.

« Demain, dans la nuit, la tranchée sera ouverte, aux trois attaques, à 200 ou 300 toises de la place, et j'ai notifié à l'artillerie de construire en même temps toutes les batteries pour que l'on puisse faire tirer ensemble, la quatrième nuit au plus tard, nos 300 bouches à feu.

« Les troupes montrent beaucoup de gaieté, et surtout une grande ardeur au travail. J'ai porté leur ration de pain à 2 livres au lieu de 28 onces, et je leur ferai distribuer de l'eau-de-vie, matin et soir, pendant le siége.

« La place fait un feu presque continuel, mais heureusement ce feu n'est pas meurtrier; nous n'avons encore perdu que deux ou trois hommes. »

GILLET.

« Toutes les dispositions étaient prises pour l'ouverture de la tranchée; les gabions, les fascines et les outils s'accumulaient sur le front de bandière.

Kléber avait rédigé, pour ses officiers, des instructions précises sur le nouveau genre de service auquel ils étaient appelés; il haranguait fréquemment les soldats, leur montrant Maëstricht comme le terme de leurs travaux et de leurs fatigues, comme le dernier trophée de cette brillante campagne.

Bien secondé par ses généraux, il pouvait tout attendre du dévouement de son armée. »

Ordre de Bernadotte[1].

« Il n'est rien sans la discipline exacte, juste et rigoureuse. C'est dans les siéges principalement que cette discipline austère doit être religieusement observée; le moindre murmure deviendrait un crime envers la République.

« J'attends de vous du silence dans la tranchée et de la confiance dans les chefs qui partagent vos peines, vos fatigues et qui vous donneront l'exemple pour accélérer les travaux du siége. »

BERNADOTTE.

Les officiers donnaient si bien l'exemple que Bernadotte fut obligé de leur défendre de manier eux-mêmes la pelle et la pioche, « leur rôle étant de surveiller les travailleurs. »

Au dernier moment, chacun des généraux de tranchée reçut de

---

1 *Gillet au comité.*

Petersheim, 25 vendémiaire.

« J'ai mis sur la liste des sujets propres à remplir le poste de général de division, le brave Bernadotte, promu par Guyton et par moi au grade de général de brigade. C'est lui qui commandait l'avant-garde de Kléber à la bataille de la Roër; c'est un officier aussi instruit que brave, très-aimé des troupes. Il n'a pas encore obtenu sa commission. »

GILLET.

son chef des prescriptions de détail qui ne laissaient rien au hasard.

Bernadotte à Hardy.

Meersenhoven (2 brumaire).

« Tu seras ce soir général de tranchée. Six bataillons ouvriront la tranchée. Trois bataillons et une division de gendarmerie seront en réserve sur trois points, aux deux ailes et au centre.

« Six compagnies d'élite (grenadiers et carabiniers), placées en avant des travailleurs, seront couchées à plat ventre, pour tomber comme des fourrageurs sur tout ce qui voudrait sortir de la place avec l'intention de déranger nos travailleurs. Ta fermeté et ton zèle me répondent d'avance du succès.

« Il y aura trois officiers du génie pour diriger les travaux, et trois officiers de l'état-major seront sous tes ordres pour surveiller les troupes.

« Un bataillon (chasseurs du Hainaut) sera destiné à renforcer au besoin les grenadiers et les carabiniers.

Je demande 300 cavaliers au général Boisset pour soutenir l'opération. Nous les placerons aux ailes et au centre, afin d'envelopper et de sabrer tous les assiégés qui tenteraient de sortir. »

BERNADOTTE.

36. Une entreprise ainsi préparée méritait de réussir.

Ouverture de la tranchée.

« [1] Le 23 octobre, à 7 heures du soir, le temps était calme et la nuit assez obscure pour dérober les travailleurs aux regards des assiégés. Les troupes commandées pour le travail ou pour la garde des pionniers se rendirent sur le terrain dans le meilleur ordre et dans le plus grand silence. Chacun prit le poste qui lui était indiqué, et bientôt, au signal donné par le général du génie, le bruit des outils, qui frappaient la terre sur toute la ligne, combla de joie tous les généraux témoins de l'opération. Elle se développait à l'attaque principale sur une étendue de plus de 3,000 toises, et à celle de Wyck sur une étendue de plus de 2,000.

La place fit cette nuit un feu plus vif qu'à l'ordinaire ; elle lançait

---

[1] Manuscrit du général Hardy.

des boulets, des bombes, des obus et une grande quantité de grenades. A l'attaque principale, l'ennemi tirait par bonheur sur l'emplacement des premiers ouvrages que les Français avaient ébauchés. La tranchée fut à peine endommagée.

L'attaque principale seule eut un homme tué et cinq blessés; à celle de Wyck personne ne fut touché.

La garnison jetait de nombreux pots à feu autour de ses murs; l'un d'eux tomba près des ouvrages : un volontaire eut la hardiesse de s'en approcher, et il réussit à l'éteindre avec de la terre, après avoir bravé, pendant un quart d'heure, la mitraille qui pleuvait autour de lui.

Le travail fut si bien conduit à l'attaque de Wyck que la première parallèle et ses communications furent ouvertes sans la moindre erreur [1].

A l'attaque principale, la parallèle fut interrompue en trois endroits; à droite, cette interruption n'empêcha pas d'achever, pendant la nuit, le tracé de deux batteries, l'une à ricochet, l'autre incendiaire; mais, à gauche, un bataillon ayant lâché pied et abandonné la tranchée, le tracé des trois batteries projetées entre la Meuse et la hauteur de Cawenberg fut retardé de 24 heures.

Cette faiblesse, jusqu'alors inconnue dans l'armée de Sambre-et-Meuse, fut punie le lendemain de la manière la plus sévère : le commandant, l'adjudant-major et tous les capitaines ou commandants de compagnie furent mis en prison; l'honneur de pénétrer dans la tranchée fut refusé au bataillon pendant tout le siége; il campa en seconde ligne, et il ne fut plus employé qu'aux travaux de communication sur les derrières, conjointement avec les paysans. Les compagnies de grenadiers et de canonniers qui n'étaient pas de service furent seules exceptées de cet arrêté.

Si cet exemple coûta à Kléber, le général fut du moins dédommagé par l'attitude ferme et courageuse de toutes les autres troupes.

---

[1] *Bernadotte à Kléber.*

3 brumaire.

« La tranchée s'est ouverte hier soir à 6 heures; 3,600 hommes se sont approchés de 250 toises de la place et ont été couverts dans l'espace de 2 heures.

Le silence le plus absolu a régné pendant tout le temps de notre opération, car, malgré une infinité de pots à feu, malgré un terrain dur et sablonneux en plusieurs endroits et trois routes à couper, nous avons réussi à dérober à l'ennemi nos projets et leur exécution. Douze heures d'un travail continu n'ont rebuté personne. Nous établirons ce soir nos batteries. Quelques curieux de l'ennemi, qui s'étaient avancés hors de leurs palissades, ont été assommés par nos carabiniers. »

BERNADOTTE.

Il leur accorda le lendemain les éloges qu'elles méritaient, en distinguant surtout la 93e demi-brigade, qui lui avait été particulièrement signalée par les généraux et les officiers du génie.

Au jour, la garnison resta stupéfaite en découvrant autour de la place ce grand développement de travaux, dont la construction lui avait été si adroitement dérobée. Officiers et soldats accoururent sur le rempart et témoignèrent bien haut leur surprise.

Ils ne pouvaient plus désormais se moquer de l'inexpérience française et ils commençaient à comprendre que cette nouvelle attaque aurait un tout autre résultat que celle qui avait échoué dix-huit mois auparavant.

37. « Le feu de la place devint, dès ce jour, plus vif, sans être plus meurtrier.

Le travail de la nuit fut achevé pendant le jour; le tout était exécuté à la *sape volante.*

Dans la nuit du 24 au 25 octobre, les travailleurs étant venus avec leurs armes comme la garde de tranchée, on confondit les uns et les autres dans l'obscurité, et l'on n'employa que 1,500 pionniers au lieu de 3,000.

Le général en chef prit ses mesures pour que cette confusion ne se renouvelât pas.

« Il fallait se presser; la pluie succédait au beau temps qu'on avait eu d'abord, l'eau remplissait la tranchée, et les soldats enfonçaient dans la boue jusqu'aux genoux.

Dans la journée du 25, on coupa de jeunes sapins dans les bois de Petersheim, et l'*on établit dans la tranchée des travées de rondins* qui rendirent les communications praticables, surtout à l'artillerie.

La place faisait un feu continuel d'obus, de boulets et de grenades, mais les batteries étant à peine ébauchées, le tir de la garnison était incertain; le 25, deux chasseurs furent tués, un officier et un sous-officier furent blessés.

Dans la nuit suivante, on ouvrit devant le fort Saint-Pierre la première parallèle, qui, à certains endroits, s'approchait jusqu'à 80 ou 100 toises des glacis. Ce travail, conduit par le chef de bataillon Boisgérard avec autant de courage que d'habileté, ne fut point troublé par le feu du fort. La garnison avait pris la change sur l'abandon que les assiégeants avaient paru faire de leurs premiers projets, et, malgré la proximité des travaux, malgré la nature pierreuse du terrain, qu'on ne pouvait entamer qu'à grands coups de pioche, elle ne s'aperçut qu'au jour de l'établissement des Français dans son voisinage.

Boisgérard eut beaucoup à se louer du sang-froid et de l'intrépidité de la troupe qui avait été mise à sa disposition.

« Cependant on donnait la dernière main aux travaux de la première attaque et de celle de Wyck ; on débouchait de la première parallèle sur tous les points par des zigzags de 60 toises environ.

L'artillerie perfectionnait aussi les batteries, mais il s'en fallait beaucoup qu'elle marchât d'un pas égal à celui du génie.

Le général Kléber avait demandé que *la première parallèle fût armée de pièces de campagne, qui y resteraient cachées aussi longtemps que l'ennemi n'inquiéterait pas les travailleurs par des sorties*[1]. Il fit ménager des plates-formes avec des rampes le long des banquettes, et, pour que cette artillerie n'entravât pas la circulation des troupes, il fit élargir la tranchée autour de chaque plate-forme.

Ces travaux furent heureusement exécutés, dans la nuit du 25 au 26, malgré le feu soutenu de la place, qui blessa 12 hommes, tua un soldat et le chef du 3e bataillon de la 49e demi-brigade.

« Le 26 octobre, la tranchée fut conduite, à l'attaque principale, jusqu'à la Meuse, afin d'ouvrir des communications aux batteries que l'on construisait à la gauche de cette attaque.

A l'attaque de Wyck, les trois zigzags furent élargis pour donner passage au matériel d'artillerie ; les batteries auraient pu déjà être armées de leurs bouches à feu.

D'après les règles militaires, c'est ce jour-là, le troisième depuis l'ouverture de la tranchée, que les pièces auraient dû être mises en batterie sur la première parallèle pour protéger le cheminement vers la deuxième.

Le général Bollemont avait déclaré que, vu le peu de moyens dont il disposait, il ne pourrait peut-être armer les batteries qu'à cette seconde parallèle, mais le représentant Gillet et le général en chef lui avaient ordonné de se conformer aux usages reçus. Néanmoins, malgré toute l'activité que l'artillerie déploya, elle ne fut pas prête à temps, et le génie se trouva abandonné à ses propres forces ; ses progrès n'en furent pas retardés.

On n'en doit que plus d'admiration à l'infanterie, qui, ne consultant que l'amour du devoir et le mépris du danger, s'approcha de plus en plus du canon de la place, sans avoir le sien à lui opposer.

---

[1] Remarquons cette habile mesure prise par Kléber de défendre la parallèle par des batteries masquées, ignorées de l'assaillant. L'exemple était bon, il a été suivi depuis.

« Le 26, le feu redoubla sans déconcerter les travailleurs ; un seul homme perdit la vie, huit furent blessés.

Les travaux, les corvées, les différents services laissaient à l'armée bien peu de repos ; Kléber demanda à Jourdan un renfort de quelques bataillons. Il ne put obtenir qu'un bataillon d'infanterie légère, qui arriva le 26 ; alors il rappela celui qu'il avait détaché à Stephanswerdt, et, *grâce à ces deux bataillons, qui firent le service d'éclaireurs*, il put affecter exclusivement l'infanterie de ligne au service de la tranchée.

Ce même jour, l'armée sous Maëstricht eut connaissance des succès éclatants qu'avaient obtenus l'armée du Nord et le reste de l'armée de Sambre-et-Meuse ; la prise de Coblentz, du Saz-de-Gand, de Philippine, d'Axel et de Hutz aurait suffi pour enflammer son courage si elle avait eu besoin de stimulant.

38. « Dans la nuit du 26, à l'attaque principale, on déboucna de la première parallèle sur trois points, à droite, à gauche et au centre au pied de Cawemberg. Le débouché du centre ne comprenait qu'une seule branche dirigée vers la lunette de l'ouvrage à cornes.

Celui de droite, par un seul zigzag de 120 toises, cheminait jusqu'à la deuxième parallèle.

Celui de gauche se composait de deux longs zigzags, creusés entre les batteries incendaires et la batterie à ricochet qui devait battre l'ouvrage à cornes.

A l'attaque de Wick, les trois tranchées, par lesquelles on avait débouché le 25, furent augmentées chacune d'un nouveau zigzag d'environ 40 toises.

A l'attaque du fort Saint-Pierre, quand la tranchée parvint au-dessus de la caverne, le commandant Boisgérard crut prudent de faire concorder la marche des travaux extérieurs avec les cheminements qu'on exécutait dans le souterrain. »

La caverne du mont Saint-Pierre.

Cette caverne mystérieuse, qui s'étendait de la Meuse au Jecker, préoccupait l'esprit du soldat ; les paysans racontaient à son sujet des légendes surprenantes ; des clameurs étranges en sortaient.

Mais en 1794 le merveilleux n'était plus à la mode ; des volontaires se présentèrent en grand nombre pour sonder les galeries obscures et marcher à la découverte.

Cette reconnaissance souterraine fut l'épisode amusant de ce siége si rude ; le grave Marescot lui-même a pris la peine de nous la raconter :

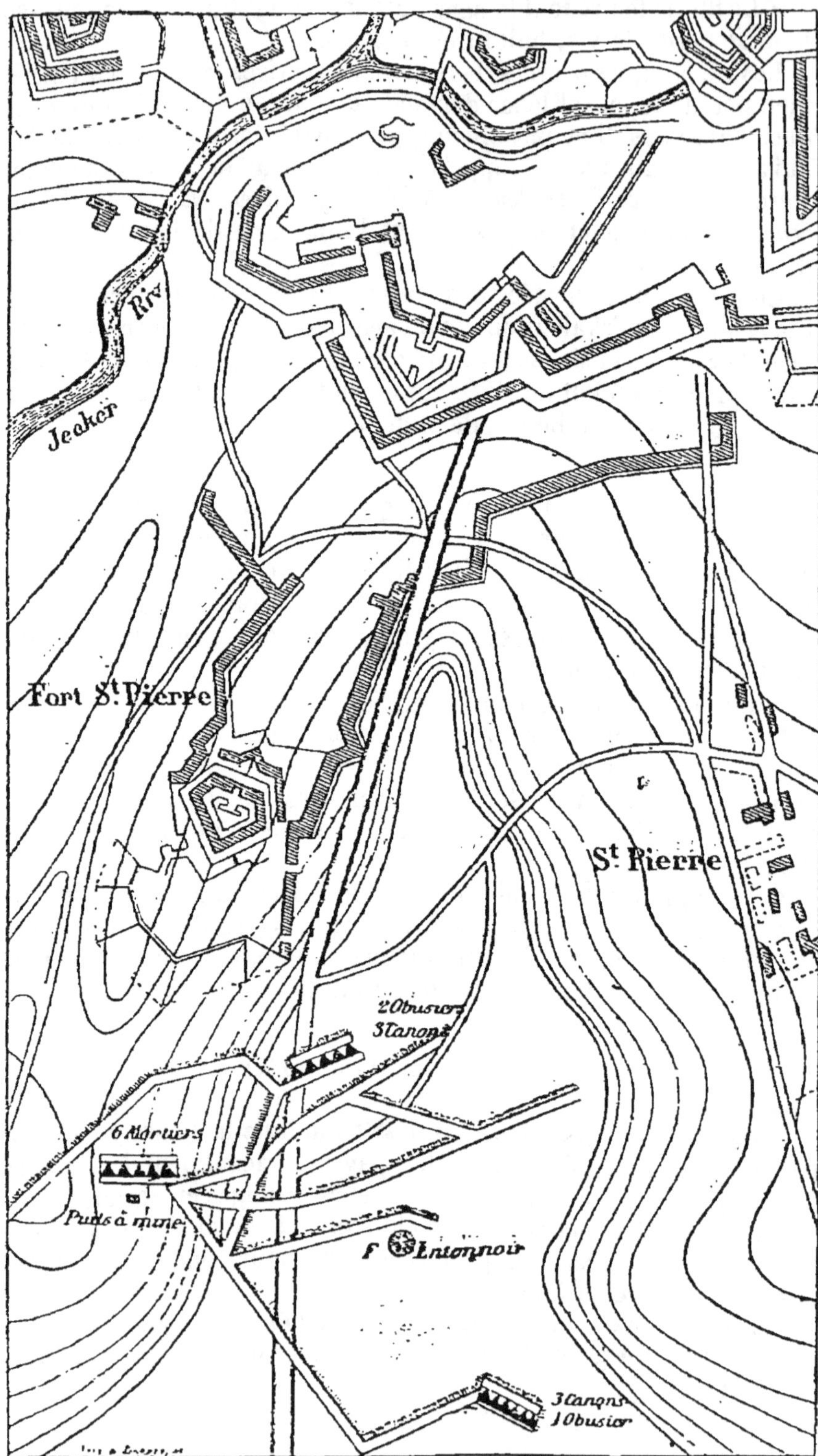

E Hardy cap au 130e d'apres le General Marescot Echelle de 1l. lignes p.r 100 Toises

« Les officiers du génie avaient découvert sur le flanc droit du mont Saint-Pierre l'entrée d'une caverne profonde, et les rapports des gens du pays faisaient soupçonner que les ramifications de cette immense caverne s'étendaient jusque sous le fort.

Des chasseurs à pied y étaient entrés et assuraient avoir tué un grenadier hollandais. L'ennemi, inquiet de cette tentative, avait fait jouer, dans l'un des pieds-droits de la voûte, un fourneau destiné à encombrer la rue principale de cette espèce de ville souterraine.

L'explosion ne produisit pas cet effet, mais l'éboulement forma, à la surface du terrain, un entonnoir (F) de 9 toises de diamètre, sur une profondeur à peu près égale, à 10 toises à peine du tracé de la première parallèle.

Soixante hommes déterminés, mineurs ou volontaires[1], se sont enfoncés dans cette caverne inconnue, au milieu des ténèbres, à plus de 150 toises de son embouchure. Un grand bruit qu'ils entendaient dans le souterrain leur faisait croire que l'ennemi était là, et que c'était le chemin souterrain du fort. L'expédition se livra alors à un enthousiasme *dont les Français sont seuls capables*, et jura de ne revoir le jour que le lendemain, dans l'intérieur de la forteresse. Entraînés par cette généreuse pensée, les volontaires se portèrent en avant, mais le seul ennemi qui s'offrit à leur valeur fut *un troupeau de porcs*, cachés là par les gens du pays. C'était de bonne prise, mais grande a été la confusion de ces braves soldats, qui, au lieu de la gloire qu'ils allaient conquérir, n'ont trouvé que des vivres excellents qu'ils ne cherchaient pas. »

Cependant Marescot et après lui Kléber vinrent en personne examiner ce souterrain, où les officiers du génie voulaient établir deux *globes de compression* pour faire sauter les dehors du fort Saint-Pierre.

Un bataillon entier fut cantonné dans la caverne; on éclaira les galeries[2], on barricada les issues, et une pièce de canon fut placée à celle du Jecker.

L'ennemi fit, le 28 octobre, une vaine tentative pour forcer de ce côté l'entrée du souterrain. Dès lors, l'artillerie du fort se borna à

---

1 A leur tête marchaient deux officiers d'une extrême bravoure : Longpré, lieutenant de la 1re compagnie du bataillon franc des chasseurs, et Pernet, lieutenant de la 7e compagnie du bataillon de sapeurs. (Général HARDY.)

2 *Gillet au comité.*

« L'attaque du fort Saint-Pierre, quoique la moins considérable, ne sera pas la moins piquante par la singularité de la caverne.

tirer sur les épaulements, et la batterie de droite de l'attaque principale ne tarda pas à la réduire au silence.

Une seconde caverne existait entre le fort et le souterrain qu'on occupait; on en fit la reconnaissance dans la nuit du 28 au 29, mais ce n'était qu'un cul-de-sac sans communication avec le souterrain; on l'abandonna au jour.

« [1] Cette découverte déconcerta les officiers du génie et les mineurs : ils craignirent que la seconde cavité n'empêchât l'explosion de se faire sentir aux ouvrages extérieurs du fort. Ils prévoyaient que la *ligne de moindre résistance*, à raison du vide immense de la caverne, ne prendrait pas la direction verticale. Aussi se proposaient-ils seulement de produire un affaissement pour prévenir les mines de l'ennemi. C'était d'ailleurs le seul moyen d'assurer la possession de la caverne et la sécurité des cheminements creusés sur son sommet.

Ce cul-de-sac augmentant la difficulté du bourrage, Boisgérard fit ajouter aux deux globes de compression quatre petits fourneaux qui devaient jouer avant eux. Douze milliers de poudre furent affectés à cet usage.

L'explosion devait être le signal de l'assaut du fort Saint-Pierre.

39. Le général Poncet avait reçu pour cet assaut les instructions suivantes :

« Toutes les troupes de l'attaque entre Jecker et Meuse, ainsi que les postes avancés, se tiendront sous les armes, au moment de l'explosion, à une distance assez grande pour ne pas en souffrir. Aussitôt que la mine aura produit son effet, chacun reprendra sa place; en même temps quelques chasseurs et carabiniers franchiront la

---

C'est un souterrain immense, qui traverse la montagne Saint-Pierre depuis la Meuse jusqu'au Jecker. Cette découverte occupe singulièrement les soldats; ils y ont trouvé des hommes, des animaux, des meubles, des Autrichiens même, avec lesquels ils se sont battus.

Cette caverne est très-obscure; on y trouve des espèces de rues où l'on peut aisément faire passer des voitures; elle a plusieurs rangs de galeries.

On vient de ramasser pour l'éclairer toutes les torches ou cierges pascaux des églises voisines, et j'ai fait mettre à la disposition de l'officier du génie 5 tonnes d'huile pour faire des lampions afin de pénétrer dans les coins de ce souterrain.

On craint les mines, et il paraît qu'il y en a beaucoup; les assiégés en ont déjà fait jouer une tout près de la tranchée, qui n'est qu'à 80 toises du fort. On s'occupe de se venger, en faisant sauter le fort lui-même, si on peut parvenir à placer dessous un globe de compression. »

GILLET.

[1] Manuscrit du général Hardy.

première parallèle, et s'élanceront sur les glacis du fort, suivis de près par un soutien de leur corps.

Les soldats, témoins de ce coup d'audace et jaloux de suivre cet exemple, seront harangués par leur général. Celui-ci, après avoir excité leur enthousiasme, fera battre la charge et s'élancera avec eux à l'attaque des chemins couverts.

Trois bataillons seront tenus en réserve dans la tranchée pour protéger la retraite en cas d'échec.

Le général Chapsal, à l'attaque principale, garnira la 2e parallèle de tirailleurs qui courront sus à quiconque sortirait de la place pour secourir le fort.

KLÉBER.

Le général Kléber réservait ainsi à une partie de son armée la gloire d'un assaut imprévu.

« *Il savait que le soldat, prévenu qu'il doit emporter un ouvrage de vive force, mesure d'avance toute la grandeur du péril, et que son imagination la grossit, jusqu'au dernier moment, tandis que, pris à l'improviste, il se laisse entraîner par un mot heureux, et il surmonte, sans y penser, les plus grands obstacles*[1]. »

Dès le 26, l'attaque de Wyck avait toute ses batteries armées, et le général Bonnard, qui commandait l'artillerie de cette attaque, était prêt à commencer le feu, mais Kléber ne le permit pas. Il voulait qu'au même jour, au même moment, toutes les batteries du corps de siége tonnassent ensemble, afin de porter la terreur dans l'esprit des assiégés en leur montrant l'énormité des moyens de destruction mis en œuvre contre leur ville.

Ce ne fut que le 30 octobre que le général Bollemont vint annoncer au général Kléber que toutes les batteries étaient prêtes à ouvrir le feu.

Une pluie continuelle dégradait les ouvrages, il était temps d'en finir.

40. Cependant Kléber, généreux autant que vaillant, voulut faire une nouvelle tentative auprès des défenseurs avant de donner le signal du meurtre et de l'incendie. Il envoya le 1er novembre, au prince de Hesse, l'adjudant-général Ney, porteur d'une nouvelle sommation.

---

1 Maxime du général Hardy, précieuse à noter pour la guerre de siége.

2° SOMMATION AUX MAGISTRATS DE MAESTRICHT.

Au quartier général de Petersheim, le 10 brumaire, troisième année de la République une et indivisible.

« J'ai cru jusqu'ici, magistrats du peuple, que le gouvernement de votre ville ouvrirait enfin les yeux sur toutes les considérations que je lui ai présentées.

« J'ai cru qu'instruit de la dispersion de vos alliés et des victoires toujours croissantes des armées françaises, il sacrifierait la satisfaction d'une défense inutile aux sentiments de l'humanité.

« Je ne lui dirai pas aujourd'hui que l'armée du Nord vient de s'emparer de Wenloo, de Philippine, du Saz-de-Gand, d'Axel, de Hotz, et de leurs garnisons.

« Je lui ai fait connaître dans le temps [1] que de Nimègue à Coblentz, l'armée coalisée, battue, mise en déroute, et dépouillée de la majeure partie de son artillerie et de ses équipages, avait abandonné à la République française vos places fortes et toute la rive gauche du Rhin.

« Il savait que depuis peu Bois-le-Duc, Juliers, Cologne, Bonn et Coblentz étaient tombés en notre pouvoir, et que tout espoir d'être secouru lui était enlevé. Eh bien! qu'il attende encore les ordres de ses maîtres; il apprendra bientôt qu'il n'en a plus d'autres à recevoir que de son vainqueur.

« Et vous, qui osez vous croire libres, vous qui ne rougissez pas de me dire que la constitution que vous avez jurée ne vous donne aucune influence sur les affaires militaires, c'est-à-dire sur la conservation de vos personnes, de vos propriétés, et sur le destin des habitants dont vous êtes les pères, vous, magistrats du peuple, n'al-

---

1 Kléber avait offert au prince de Hesse de faire conduire deux de ses officiers, l'un de Bois-le-Duc à Nimègue, et l'autre de Nimègue à Coblentz, pour qu'ils pussent s'assurer par leurs propres yeux qu'il ne restait pas un seul Autrichien sur la rive gauche du Rhin; mais il s'était formellement opposé à la prétention du gouverneur, de correspondre avec le général Clairfayt ou avec les représentants des puissances coalisées.

Le parlementaire venu de Maëstricht était un officier du génie autrichien, questionneur et curieux; on lui montra les lettres de Cologne et de Dusseldorff, que les coureurs de Ney avaient interceptées au lendemain de la victoire d'Aldenhoven; ces lettres constataient, à n'en plus douter, la retraite des Impériaux au delà du Rhin.

Le parlementaire, forcé de se rendre à l'évidence, dit en souriant aux généraux qui l'entouraient : « Allons! vous nous avez *surmanœuvrés* plutôt que battus, et « il a bien fallu lâcher prise. — Soit, répondit Kléber, mais votre gouverneur « aussi me paraît *surmanœuvré*. Conseillez-lui donc de lâcher prise à son tour, « pour éviter le voyage de Paris, dont il ne doit se soucier que médiocrement. » (*Manuscrit du général Hardy.*)

lez pas croire que je viens faire de nouvelles tentatives pour vous déterminer à provoquer ou à forcer la reddition de la place.

« Mes armes seules doivent aujourd'hui la soumettre, dussé-je ne pénétrer que dans un monceau de cendres.

« Mais la postérité doit connaître l'origine de vos malheurs, il faut qu'elle puisse dire : « Nous devons la ruine de Maëstricht à l'en- « têtement criminel de son gouverneur, à la faiblesse de ses magis- « trats et au vice du gouvernement dont ils sont les organes. »

« Il faut qu'elle sache que l'armée française a épuisé devant cette ville tous les moyens de la persuasion et de la clémence, et que si elle a pris contre elle les mesures les plus terribles, c'est qu'elle y a été forcée par ceux-là mêmes qui étaient chargés de la protéger.

« Je vous ordonne donc impérieusement, pour la justification de ma conduite aux yeux de l'humanité et de la philosophie, de transcrire cette lettre sur vos registres, ainsi que la deuxième sommation faite au gouverneur, dont je vous envoie la copie[1].

« Je vous déclare qu'à mon entrée dans la ville, mon premier soin sera de me faire représenter ces dépêches, et que je vous ferai punir de mort sur la place publique si vous avez eu l'audace de désobéir.

« Je ne recevrai de vous pour toute réponse qu'un reçu de ma lettre. »

KLÉBER.

Le prince de Hesse permit au parlementaire, l'adjudant-général Ney, de porter lui-même la sommation de Kléber aux magistrats de Maëstricht, et il donna le reçu qu'on lui demandait[2].

C'était, on le voit, un sérieux adversaire que ce gouverneur autrichien d'une place hollandaise.

Forcé de garder cette vaste enceinte avec une garnison insuffisante, il avait multiplié les sorties, les reconnaissances; il avait essayé de la guerre de mines. Bien qu'il se vît isolé, sans espoir de

---

[1] *Deuxième lettre du général Kléber au gouverneur de Maëstricht.*

« Le général de division Kléber se persuade que le gouverneur de Maëstricht n'apportera aucun obstacle à la remise de cette sommation aux magistrats de cette ville.

L'officier qui lui présentera la présente est chargé de rapporter un reçu ; si la sommation était interceptée, le gouverneur devait s'en rapporter à l'article de la sommation du 5 vendémiaire, concernant la lettre qui y était jointe. »

KLÉBER.

[2] Reçu par l'adjudant-général Ney, du général de division Kléber, une lettre à mon adresse avec une incluse pour les magistrats de la ville de Maëstricht, remise le 31 octobre 1794.

FRÉDÉRIC, prince DE HESSE.

secours, au milieu des armées françaises victorieuses, il voulait, pour l'honneur de son nom, pousser la résistance jusqu'aux dernières limites.

Le gouverneur de Maëstricht s'était jusque-là montré digne de lutter contre le défenseur de Mayence.

Mais, à la fin, l'incendie de cette grande ville dont il était le gouverneur depuis dix ans, les prières des habitants, la vue de leurs souffrances, pesèrent sur ses résolutions; et il oublia que le commandant d'une place assiégée n'a pas le droit de sacrifier son devoir aux sentiments de l'humanité. Exemple funeste, qui a été trop souvent suivi, et pour lequel la loi militaire ne sera jamais assez impitoyable.

« [1] Kléber voulait faire appuyer ses sommations d'une salve générale à la chute du jour, mais l'inégale distribution de la poudre dans les batteries et l'inexpérience des canonniers laissèrent prendre au feu de l'ennemi la supériorité sur le nôtre.

Un incendie fut allumé dans la ville, mais il n'eut pas de suites.

Le 1er novembre, nous eûmes 2 hommes tués et 5 blessés.

41. « Le 2 au matin, toutes les dispositions ordonnées par le général Kléber étant prises pour attaquer le fort Saint-Pierre, Boisgérard fit jouer la mine, mais les cavités nombreuses du souterrain ne lui donnèrent qu'une action latérale. Un des petits fourneaux eut son feu coupé par les débris des autres, et resta intact.

Il y eut un effet produit à l'intérieur, mais à la surface du sol il n'y eut que deux affaissements de quelques pieds de profondeur; cela suffisait pour crever les galeries ennemies en cet endroit.

La fumée ne pouvant s'échapper que par les deux issues de la caverne, celle-ci devint inhabitable pendant 24 heures. Il fallut donc remettre à une occasion plus favorable le coup de main projeté pour ce jour-là contre la forteresse.

Notre feu continuait faiblement; la batterie incendiaire de gauche ne tirait pas. Des incendies s'allumèrent sur quelques points de la ville; mais notre artillerie laissa aux assiégés tout le temps de les éteindre.

Pour riposter au feu des tirailleurs ennemis des palissades, on disposa de bons tireurs dans la deuxième parallèle; ils devaient ajuster les canonniers, qu'ils apercevaient dans les embrasures.

La nuit venue, on ouvrit à l'attaque principale, sur la gauche, près de la Meuse, une quatrième communication en trois zigzags entre les deux parallèles. La seconde fut prolongée sur la droite,

---

[1] Manuscrit du général Hardy.

et on en déboucha, sur deux points, par des boyaux d'environ 50 toises.

A l'attaque de Wyck[1], on chemina, à la sape pleine, sur trois points différents, vers la troisième parallèle; à droite et à gauche par un seul zigzag; au centre par trois. Ces zigzags avaient environ 40 pieds de longueur.

A l'attaque Saint-Pierre, on déboucha également de la première parallèle, mais la marche y fut très-mesurée et très-circonspecte.

On commença à la deuxième parallèle la construction des batteries qui devaient succéder à la première. Les officiers d'artillerie ne pouvant suffire à leur tâche, les officiers du génie leur offrirent de la partager avec eux; ils entreprirent une batterie de mortiers et la mirent en 36 heures en état de tirer.

Journée du 3 novembre. — Boisgérard, pour n'avoir pas réussi dans son premier essai, n'avait pas encore perdu l'espoir de faire sauter les avant-chemins couverts du fort Saint-Pierre; mais il crut prudent, cette fois, de porter les fourneaux jusque dans la deuxième caverne dont nous avons parlé.

Il avait observé, dans sa première reconnaissance, qu'elle s'étendait presque jusqu'aux revêtements. Il fallait d'abord en chasser les défenseurs; quelques volées de la batterie établie sur la rive gauche du Jecker, les firent déloger promptement; les officiers du génie et des mineurs s'y précipitèrent avec quelques chasseurs. On travailla de suite à s'y établir solidement.

Quelques tirailleurs furent répandus dans la campagne, afin de protéger par leur feu la construction d'un épaulement, destiné à mettre l'entrée de gauche à l'abri du canon de la place. Sur la droite, on établit un poste qui devait tirer sur tout ce qui sortirait de la caverne entre les deux chemins couverts. Sept soldats de ce poste (Prévot, Delandes, Colas, Cosson, Garnier, Pardon et Garbe) allèrent, sous le feu de l'ennemi, arracher les palissades du chemin couvert.

En même temps les sapeurs coupaient, dans les maisons incendiées, des bois de charpente pour le bourrage des globes de compression. Boisgérard avait trouvé un nouvel emplacement de fourneaux; il y fit aussi travailler ses mineurs.

« Dès ce jour, notre artillerie prit un ton imposant; le service des batteries fut mieux fait, et la place disparut sous un nuage

---

1 *Bernadotte au général Hardy.*

11 brumaire (2 novembre).

« Nos batteries vont commencer à tirer sur Maëstricht; j'espère que nous serons les premiers à mettre le feu à cette ville rebelle. »

de fumée. A l'attaque Saint-Pierre, une batterie de six mortiers réduisit presque le fort au silence.

Le feu de la place diminuait; nous eûmes cependant à regretter, le 3 novembre, la perte d'un officier de mérite, Lamarche, adjoint à l'état-major du général Kléber, qui fut blessé mortellement par un éclat d'obus.

« Dans la nuit du 3 au 4 novembre, à l'attaque principale, un troisième cheminement fut dirigé vers la lunette de l'ouvrage à cornes par trois zigzags, qui pouvaient ensemble avoir 60 toises. Les deux communications de droite furent reliées à celle de la deuxième parallèle, sur un développement d'environ 150 toises.

A l'attaque de Wyck et à celle de Saint-Pierre on continua à perfectionner la tranchée; le feu le plus soutenu et le plus violent donna plein succès à notre batterie, surtout à Wyck.

La ville n'était plus qu'un vaste incendie.

Le 4 novembre, à 8 heures du matin, un parlementaire était annoncé.

VII

LA CAPITULATION.

42. Pression des habitants sur le gouverneur. — 43. Texte de la capitulation. — 44. Occupation de la place. — 45. Conclusions de Marescot. — 46. Sages mesures prises par les vainqueurs. Bernadotte, gouverneur de Maëstricht.

42. Maëstricht brûlait; les habitants affolés suppliaient le gouverneur de mettre un terme à leurs dangers et à leurs souffrances.

Lettre des magistrats de Maëstricht au gouverneur de la place.

Maëstricht, le 3 novembre.

« Sérénissime Prince,

« Quoique nous sachions bien qu'au terme de la constitution que nous avons jurée, nous n'avons aucun droit ni aucune influence sur le gouvernement militaire pour tout ce qui a rapport à la défense de cette ville, nous ne pouvons cependant pas dissimuler notre amour pour nos concitoyens ni la douleur amère que nous ressentons en voyant une partie de la ville en cendres et plusieurs des habitants tués.

« Nous sommes bien persuadés que Votre Altesse Sérénissime partage ces sentiments d'humanité, et nous prenons la liberté de recommander encore une fois tous nos braves bourgeois à sa sagesse et à sa haute protection.

« Nous vous supplions très-humblement, Sérénissime Prince, de prévenir par des moyens convenables la destruction de notre ville.

« Les membres du conseil indivis de Maëstricht.

« Par ordonnance,

« P.-W. Loco, *secrétaire*. »

Le gouverneur avait répondu :

« C'est avec le cœur navré des malheurs de notre ville que j'ai reçu votre lettre.

« Je n'ai pas besoin, Messieurs, de vous renouveler mes sentiments d'attachement et d'affection pour les habitants. S'il n'avait dépendu que de moi, j'aurais donné tout mon sang pour éviter ces malheurs. C'était dans cette intention que j'avais accepté la proposition du général français d'envoyer des officiers à mon souverain, pour connaître ses intentions; mais devant vos plaintes et la juste désolation de votre bourgeoisie, qui me déchire le cœur, je me prêterai à tout ce qui peut prévenir l'entière destruction de cette ville et de ses habitants.

« Je vous déclare que si l'on me fait des propositions honorables et acceptables, *je sacrifierai la gloire d'un long siége* à l'avantage de vous sauver d'une ruine totale.

« Voilà tout ce que mon honneur me permet pour vous prouver l'attachement et l'affection que je vous ai voués, depuis dix ans que je suis gouverneur de votre ville.

Frédéric de Hesse.

Les magistrats avaient demandé la permission de transmettre à Kléber ces deux lettres[1]; elles furent apportées par le lieutenant-colonel Sprenkler.

Cet officier avait de plus la mission de proposer verbalement la capitulation.

---

[1] *Au général de division Kléber, commandant les troupes françaises devant Maëstricht.*

« Le gouverneur de Maëstricht ayant reçu la lettre ci-jointe des magistrats, avec prière de l'envoyer au général commandant l'armée française devant cette ville, il n'a pu se refuser à cette juste demande, pour le soulagement des habitants, et il ne doute nullement que leurs sollicitations ne trouvent un appui auprès d'un général qui se fait gloire d'humanité. J'ai chargé le lieutenant-colonel Sprenkler (un officier de mérite et de confiance) de vous remettre cette lettre qui pourra appuyer les principes énoncés dans ma réponse aux magistrats. »

Maëstricht, ce 3 novembre 1794.

Frédéric de Hesse.

« [1] Il demanda, comme une condition essentielle, que la garnison sortît avec les honneurs de la guerre et qu'elle rentrât dans sa patrie avec armes et bagages. Kléber répondit qu'il aurait pu accorder ces avantages, si l'on avait acquiescé aux premières sommations, mais que les ouvrages ayant été poussés aussi près de la place qu'ils l'étaient, le seul traitement que la garnison eût à espérer était une capitulation conforme à celles de Valenciennes et de Condé. »

Le général Jourdan, les représentants Gillet, Frécine et Bellegarde étaient présents à cette entrevue.

Kléber répondit aux magistrats :

« Vous pouvez être convaincus d'avance que, touché de vos maux, je ferai tout ce qui dépendra de moi pour les faire cesser. Des propositions favorables ont été faites verbalement au parlementaire, il appartient actuellement à votre gouverneur d'arrêter la destruction totale de votre ville. Je lui offre des conditions qui mettent à l'abri sa délicatesse et son honneur ; c'est donc à lui de décider de votre sort. »

« Ces conférences n'avaient pas ralenti le feu de nos batteries, et la ville était embrasée en plusieurs endroits. Les travaux étaient poursuivis avec la même ardeur.

A l'attaque principale.

En continuant les trois cheminements, on avait assuré, pour la nuit suivante, l'ouverture de la troisième parallèle, sur le bord de l'avant-fossé.

A l'attaque de Wyck.

On avait ouvert une communication à la batterie du centre. Les trois cheminements avaient été prolongés, et l'on avait ménagé à celui de droite une demi-place d'armes.

A l'attaque Saint-Pierre.

Différentes parties de la tranchée avaient été perfectionnées, les nouveaux fourneaux de la deuxième caverne étaient chargés et prêts à jouer, lorsque le feu de la place cessa, le 5 novembre, à 5 heures du matin.

En même temps, le lieutenant-colonel Sprenkler revenait à Petersheim, apportant le texte de la capitulation, que nous reproduisons avec les notes écrites de la main même de Kléber.

---

[1] Manuscrit du général Hardy.

Capitulation

proposée au général Kléber, commandant les troupes françaises devant Maëstricht, par le gouverneur de cette place.

ARTICLE 1er.

La garnison de Maëstricht sortira de cette forteresse le 8 novembre; les troupes des puissances alliées qui la composent seront conduites dans leurs pays respectifs.

ARTICLE 2.

La garnison impériale sortira par la porte d'Allemagne, tambours battants, enseignes déployées, avec armes et bagages; elle conservera ses armes et bagages et sera escortée jusqu'aux avant-postes impériaux par un détachement de troupes françaises.

ARTICLE 3.

La garnison hollandaise sortira par la porte de Bruxelles, tambours battants, enseignes déployées, mèches allumées avec ses canons de campagne; elles conservera ses armes et bagages et sera escortée à travers la Campine, jusqu'à Graves ou Nimègue, par un détachement des troupes françaises.

Accordés avec les modifications suivantes :

La garnison sera prisonnière de guerre; elle sortira le 17 brumaire (8 novembre 1794), à 9 heures du matin, avec les honneurs de la guerre, savoir : la garnison autrichienne par la porte d'Allemagne, la garnison hollandaise par la porte de Bois-le-Duc. Arrivée sur les glacis, elle posera les armes et sera conduite au premier poste, ainsi qu'il est dit en l'article ci-dessus, après avoir prêté serment de ne point porter les armes contre la République française jusqu'à ce que ces deux garnisons aient été échangées individuellement et grade et pour grade.

ARTICLE 4.

Il sera défendu à chacun d'interrompre, sous quelque prétexte que ce soit, la marche de la garnison et d'entrer dans ses rangs pour y faire déserter les soldats et cavaliers, et quand même lesdits soldats ou cavaliers y seraient consentants, les déserteurs seront rendus sur-le-champ et les infracteurs punis.

Accordé.

ARTICLE 5.

L'arsenal, les magasins, les canons de la place, les munitions seront remis aux commissaires français.

Accordé, en y ajoutant les mémoires de la place et des forts.

ARTICLE 6.

Les prisonniers faits de part et d'autre seront rendus réciproquement, en quelque nombre qu'ils se trouvent avoir été pris, depuis le jour de l'investissement de la place jusqu'à celui de la cessation des hostilités.

Accordé.

ARTICLE 7.

Les troupes de la garnison autrichienne marcheront trois jours consécutifs et se reposeront le quatrième, l'escorte ayant soin de régler, chemin faisant, ses cantonnements, ses vivres et fourrages qu'on fournira aux troupes, si ce que l'on prend ici ne suffit pas.

Accordé.

ARTICLE 8.

Il sera fourni par les assiégeants à la garnison autant de chariots attelés et de bateaux qui lui sera nécessaire.

Accordé.

ARTICLE 9.

Les officiers et soldats et tout autre individu appartenant à la garnison, blessés ou malades, pourront rester dans les hôpitaux ou dans les logis qu'ils occupent (avec les gens nécessaires pour en avoir soin) jusqu'à ce qu'ils soient guéris et en état d'être transportés. Lorsqu'ils seront guéris ou en état de sortir, il leur sera fourni les passe-ports, voitures et escortes nécessaires, tout comme à la masse de la garnison à laquelle ils appartiennent, pour qu'ils puissent se rendre à l'endroit jusqu'où celle-ci aura été escortée.

Accordé.

ARTICLE 10.

Les dettes légitimement contractées pour le service du souverain ou pour les officiers ou autres de la garnison seront reconnues et sûreté sera donnée pour leur paiement sans que, pour ce sujet, on soit tenu de donner otage ni nantissement de quelque nature que ce soit.

Accordé.

Article 11.

Le receveur général, les officiers appartenant à l'arsenal, aux magasins et aux hôpitaux, ainsi que leurs employés, seront munis de passe-ports et de sûreté pour transporter leur personne et leurs effets jusqu'en Hollande.

Accordé.

Article 12.

Les généraux, les officiers et les soldats domiciliés à Maëstricht ou pensionnés par l'État, et généralement tous ceux qui n'auront pas porté les armes, seront considérés et traités comme les habitants de la ville; on leur laissera la faculté d'y prolonger leur séjour et de pouvoir obtenir des passe-ports pour se transporter chez eux, avec leurs effets.

Accordé.

Article 13.

Toute offense et injure faite par toute personne, tant ecclésiastique que séculière, non-seulement avant, mais pendant le siége, sera et demeurera totalement oubliée.

S'en remettre à la générosité française.

Article 14.

Le libre exercice des religions catholique romaine et réformée sera continué dans cette ville sans aucun empêchement; les religions luthérienne et autres seront tolérées comme elles l'ont été jusqu'à présent.

Accordé, avec cette observation que personne, sous le voile de la religion, ne cherchera à troubler le nouvel ordre établi.

Article 15.

Le clergé, les ministres et autres desservants des églises, de quelque état, qualité ou fonction qu'ils puissent être, comme aussi les hôpitaux, maisons des pauvres ou des orphelins, seront maintenus en possession paisible de tous leurs biens, priviléges et franchises, comme ils les ont possédés jusqu'à présent.

Comme ci-dessus.

Article 16.

Les bourgeois et métiers seront maintenus de même dans leurs droits et priviléges et franchises.

Comme ci-dessus.

ARTICLE 17.

A tous et à un chacun il sera permis de se retirer avec ses biens et famille hors de la ville, comme aussi de pouvoir, quand bon lui semblera, disposer de ses possessions, sans qu'il puisse à cet égard être chargé ou violenté en aucune façon.

Comme ci-dessus.

ARTICLE 18.

Le ministre de l'église française réformée, attaché à la garnison, pourra disposer librement de ce qui lui appartient et sortir de la ville.

Accordé.

ARTICLE 19.

Après la signature de la capitulation et l'échange réciproque des otages qui seront, de part et d'autre, un officier supérieur et un capitaine, on livrera à l'armée française la citadelle de Saint-Pierre et les ouvrages d'Estel, du côté de la porte Saint-Martin, à Wyck. Il sera sévèrement observé, de part et d'autre, de ne laisser sortir ni entrer qui que ce soit sans le consentement des deux généraux avant l'entière évacuation.

Accordé.

ARTICLE 20.

Tous les articles de cette capitulation ne seront sujets à aucune interprétation fausse ou subtile, et, au cas où la rédaction s'y prêterait, ils seront toujours expliqués à l'avantage de la garnison.

Accordé. Les déserteurs et émigrés français ne sont point compris dans la présente capitulation.

A Maëstricht, le 4 novembre 1794.

« Après avoir signé ces ratifications, Kléber ordonna aux officiers de l'artillerie et du génie de suspendre le feu et les travaux ; les otages furent échangés, et le prince de Hesse contre-signa les articles ainsi modifiés.

44. « Le 6 novembre, le commissaire ordonnateur Pradel et un officier d'artillerie se rendirent à Maëstricht, l'un pour recevoir les magasins de la place, l'autre pour prendre possession, au nom de l'armée française, des bouches à feu et de toutes les munitions de guerre.

La place était armée de 360 pièces, tant canons que mortiers et obusiers, dont la plus grande partie était en bronze.

On trouva dans son arsenal plus de 40 milliers de poudre et 20,000 fusils; ses magasins étaient abondamment pourvus de blé, de foin et d'avoine.

Ce même jour, les postes principaux de la ville furent remis entre les mains de l'armée française.

Le général Kléber avait expressément recommandé l'humanité envers les vaincus[1], mais aussi il avait défendu toute communication avec eux aux différentes troupes commandées pour occuper les postes.

Trois bataillons de grenadiers furent répartis entre le fort Saint-Pierre, la porte Saint-Martin, au fort de Wyck, et les deux portes de Bois-le-Duc et de Bruxelles, au corps de la place.

Le 8 novembre, à 8 heures du matin, la garnison[2] sortit de Maëstricht par la porte d'Allemagne et déposa les armes devant l'armée de siége rangée en bataille sur les glacis; elle laissait aux vainqueurs 31 drapeaux[3].

La colonne hollandaise, forte d'environ 4,000 hommes, fut dirigée sur Bois-le-Duc; la colonne autrichienne, forte de 7,000 hommes, sur Cologne, où elle passa le Rhin le 12 novembre. »

---

1 *Bernadotte au général Bonnard.*

16 brumaire.

« Je te préviens, citoyen général, que demain, à 9 heures du matin, la garnison autrichienne de Maëstricht doit sortir par la porte d'Allemagne et déposer les armes devant nos troupes. Tu voudras bien donner ordre à tous tes canonniers, ou à un détachement, selon que tu le jugeras convenable, d'être rendus à 8 heures précises au rendez-vous, qui est sur les glacis de la porte d'Allemagne, afin d'y prendre leur rang de bataille. Tu leur ordonneras d'observer une contenance fière et militaire et surtout la plus exacte immobilité; tu leur défendras de quitter leur poste pour communiquer avec l'ennemi, sous peine d'une punition très-sévère, comme aussi de se livrer à aucun propos insultant. Tu voudras bien rappeler à tes canonniers que les républicains, terribles et grands dans le combat, sont doux et généreux après la victoire. »

BERNADOTTE.

2 1° *Troupes hollandaises :* Deux bataillons de Nassau-Usingen; deux bataillons de Pressentin; deux bataillons de Velderen; un bataillon de grenadiers de Both; les mineurs et sapeurs du général Deverjé; corps national d'artillerie hollandaise; dépôt des chasseurs de Lowensten; dépôt du régiment du lieutenant-colonel Wilcke.

2° *Troupes autrichiennes :* Le 1er bataillon de Vincent-Colloredo; le 1er bataillon de Kinsky; le 1er bataillon de Wallis; deux bataillons de Renthz; deux bataillons de Stein; un détachement des hussards Ferdinand.

3 Trente-six drapeaux hollandais ou autrichiens et deux canons furent envoyés à la Convention. Trente et un de ces drapeaux appartenaient à la garnison de Maëstricht; un avait été pris à Mons, les quatre autres à Sprimont. Les canons avaient été enlevés par la 123e demi-brigade et par la 32e division de gendarmerie.

Et maintenant, pour démontrer l'importance historique de ce siége mémorable, il nous suffira de reproduire textuellement les conclusions qu'en tirait le général Marescot au 21 novembre 1794[1].

« Ainsi est tombée au pouvoir de la France, après onze jours seulement de tranchée ouverte, Maëstricht, l'une des places les plus fortes de l'Europe et l'un des principaux boulevards de la Hollande. On l'a trouvée abondamment pourvue en munitions de toutes sortes.

Cette conquête ne nous a pas coûté 300 hommes tant tués que blessés.

L'armée, composée de volontaires tout à fait neufs au service particulier de la guerre de siége, a montré l'ardeur et l'intrépidité de vieux soldats accoutumés à prendre des villes ; elle était animée par des généraux zélés et actifs, habitués à les conduire à la victoire.

Les officiers du génie méritent les plus grands éloges pour l'activité et pour la célérité de leurs travaux. Comme au siége du Quesnoy, ils ont cheminé à la sape volante sans que le feu de la place, quelque vif qu'il ait été, ait pu les rebuter de cette manière rapide d'attaquer. *Aussi, pendant le jour, ont-ils presque toujours négligé de se prolonger à la sape pleine*, parce que ce travail leur paraissait à peu près nul auprès de celui qu'ils étaient assurés de déployer pendant la nuit.

La beauté et l'immense développement de tranchées ouvertes pendant la première nuit ont tellement imposé à l'ennemi que les officiers autrichiens, lors de la capitulation, nous ont avoué avoir cru notre armée forte de 80,000 hommes.

C'est peut-être à cette heureuse illusion que nous avons dû la tranquillité dont nous avons joui depuis cette époque.

Le plus grand obstacle à une longue défense, dans une ville comme Maëstricht, viendra toujours de sa grande population. La méthode barbare, mise en usage par nos ennemis, d'accompagner la marche ordinaire des attaques par les horreurs d'un bombardement, tend naturellement à faire soulever les habitants pour obtenir la fin de leurs maux. A cet inconvénient, joignons la difficulté d'approvisionner de vivres un peuple nombreux. Aux 12,000 hommes de garnison, nécessaires pour les travaux du siége, il faudra en ajouter au moins 3,000 autres pour assurer la police intérieure.

Les événements de cette guerre doivent avoir suffisamment démontré que les procédés d'attaque employés actuellement feront éviter avec soin de fortifier par la suite des endroits habités. Une bonne citadelle placée sur le mont Saint-Pierre jouirait au moins des mêmes propriétés

---

[1] Marescot reçut, le 17 novembre, le brevet de général de division.

militaires que la grande place de Maëstricht, et elle aurait sur elle mille avantages d'économie de tout genre.

La guerre actuelle a encore prouvé la nécessité de modifier, à la paix, dans la construction des places neuves, le système employé jusqu'à-présent, afin que l'énergie de la défense puisse être proportionnée à la violence de l'attaque[1]. »

Bernadotte fut nommé gouverneur de Maëstricht, avec une garnison de 4,000 hommes environ[2]. Le général Bonnard commandait l'artillerie.

Des documents authentiques témoignent de la sagesse et de la modération des vainqueurs.

Kléber à Bernadotte.

17 brumaire (8 novembre).

« Tu vas commander à Maëstricht, mon camarade; tous les cultes viendront demander ta protection, *et je ne connais pas de meilleur moyen de t'attirer l'attachement des habitants que de les protéger tous.* C'est une affaire fort délicate à cause des faux bruits qu'on n'aura pas manqué de faire courir sur notre compte, car il est présumable que nos ennemis nous ont peints sous les couleurs les plus noires. Eh bien, il faut que notre conduite leur dessille les yeux. *Quand on a vaincu l'ennemi par la force, il faut encore une fois le vaincre par les bons procédés, c'est-à-dire forcer son estime.* Je ne te parle point de discipline; je connais ton amour pour l'ordre et suis persuadé d'avance qu'il n'y aura pas la moindre plainte sur aucun des soldats de la garnison. Il ne faut rien épargner pour satisfaire le clergé, en donnant des sauvegardes à tous les couvents et maisons religieuses et en répétant fréquemment aux soldats qu'ils doivent *respecter les usages et les préjugés des autres nations;* ce n'est que par là que nous pouvons nous assurer la bienveillance des habitants, ce qui n'est pas indifférent lorsque l'on fait la guerre en pays étranger[3]. »

KLÉBER.

---

1 Ne croirait-on pas que cela a été écrit après la guerre de 1870?

2 71e demi-brigade, un escadron du 17e de cavalerie, deux compagnies de sapeurs et 600 canonniers.

3 Y a-t-il une réponse plus péremptoire aux sottes accusations dirigées contre ces généraux dont l'intégrité, la sagesse, la modération formaient alors un éclatant contraste avec les excès de toutes sortes qu'on commettait à l'intérieur au nom de la liberté. Voilà ce qui explique l'estime qu'avaient pour eux les généraux étrangers, estime et respect mutuels que les honneurs rendus à Marceau mourant ont mis en lumière.

Proclamation de Bernadotte.

Maëstricht, le 17 brumaire (8 novembre).

Magistrats,

« Pour que l'ordre et la règle soient rigoureusement observés, pour que la discipline militaire ne puisse point être violée impunément, je vous somme de faire proclamer de suite, dans les formes accoutumées, que les habitants qui logent des militaires auront à vous donner sur-le-champ les noms et le grade des personnes logées chez eux.

Je vous préviens que j'exige que vous me donniez incontinent une liste de tous les logements, afin que je puisse faire punir celui qui aurait contrevenu aux défenses faites, ainsi que les lois de la République l'ordonnent.

Je ne doute pas, magistrats, que nos ennemis n'aient pris à tâche de vous prévenir contre leurs vainqueurs. Eh bien, le temps vous prouvera que les Français républicains sont doux, justes, sensibles et généreux, et qu'ils ne sont terribles qu'envers leurs ennemis. Le temps vous prouvera qu'ils respectent les usages et les mœurs des peuples chez lesquels ils ont été forcés de porter la guerre, pourvu toutefois que, sous un voile hypocrite et en abusant de la loyauté d'un grand peuple, personne ne trouble l'ordre, fondé sur les bases immuables de la justice.

Vous ferez lire sans délai la présente proclamation dans toutes les rues de la ville et vous la ferez afficher.

Le général commandant à Maëstricht,

Bernadotte.

Le représentant du peuple près l'armée de Sambre-et-Meuse,

Arrête :

Les magistrats de Maëstricht continueront provisoirement leurs fonctions.

Les tribunaux civils et militaires rendront la justice comme par le passé.

Il n'est rien changé aux lois et usages du pays.

Les impôts sont continués et seront perçus au profit de la République française.

La République française garantit à tous les citoyens paisibles la sûreté de leur personne et de leurs propriétés.

Elle permet à chaque citoyen le libre exercice de son culte.

Elle punira sévèrement quiconque se permettra de troubler l'ordre public et d'entretenir des intelligences avec l'ennemi.

Le service de la police appartiendra au commandant pour la République française à Maëstricht.

Toutes les autorités civiles et criminelles seront subordonnées au pouvoir militaire, et elles ne pourront faire publier aucune ordonnance ni proclamation sans l'approbation du commandant militaire.

Les personnes absentes de Maëstricht et des environs sont invitées à rentrer dans leur domicile sous le délai de quinze jours, sous peine d'être réputées émigrées et d'avoir leurs biens confisqués.

Les magistrats de Maëstricht feront publier et afficher la présente proclamation.

GILLET.

VIII

L'ARMÉE DE SAMBRE-ET-MEUSE PREND SES QUARTIERS D'HIVER.

47. Réunion de l'armée de Sambre-et-Meuse, ses cantonnements le long du Rhin. — 48. Service dans les cantonnements.

47. Pour l'armée de Sambre-et-Meuse la campagne était terminée.

Le comité de salut public voulant tenter en plein hiver la conquête de la Hollande, laissait à Jourdan la mission de couvrir les derrières de l'armée du Nord et de garder le Rhin[1] pendant que Klé-

---

1 *Carnot aux représentants près les armées du Nord et de Sambre-et-Meuse.*

Paris, 12 novembre 1794.

« ..... Après la prise de Nimègue, notre vœu est que l'expédition de Hollande soit achevée pendant cette campagne.

Poussez vos conquêtes autant que possible ; battez l'ennemi encore une fois, à plate couture ; assurez vos derrières ; prenez Graves et Arnheim, et *faites marcher de front les mesures politiques avec les mesures militaires.*

L'un de vous se rendra dans la Flandre hollandaise pour y surveiller la démolition des forteresses, particulièrement celles de Nimègue et de Graves. Nous sommes couverts en cette partie par l'Escaut ; l'air y est pestilentiel pour les garnisons, et les malheurs de la fin du règne de Louis XIV ont été attribués à l'obstination qu'il mit à conserver toutes les forteresses qu'il avait prises et où il voulut mettre garnison. Cela affaiblit tellement ses armées qu'il fut obligé d'abandonner toutes ses conquêtes.

Il faut démanteler toutes les frontières de la Hollande de notre côté, afin d'y rentrer sans résistance toutes les fois qu'il nous plaira. Maëstricht, Juliers, Venloo, Bois-le-Duc, Crèvecœur et Anvers, mis en bon état de défense, doivent suffire pour nous assurer la possession irrévocable du pays, en laissant aux armées les moyens d'agir en masse. La bonne politique exige que tout le reste soit détruit.

L'armée de Sambre-et-Meuse occupera les derrières de l'armée du Nord jusqu'à Nimègue. »

CARNOT.

ber, avec une partie de l'armée du Rhin, investirait Mayence et que l'armée de la Moselle ferait le blocus de Luxembourg.

Le 9 novembre, le corps de siége de Maëstricht se mit en marche sur deux colonnes pour rejoindre les divisions du centre, qui occupaient, le 16, les emplacements suivants :

La division Lefebvre (avant-garde) à Rhinberg, poussant ses postes jusqu'à Burrick, occupé par l'armée du Nord (division Vandame);

La division Morlot à Crevelt;

Les divisions Hatry, Mayer, Championnet et Dubois au camp sous Crevelt;

La division Grenier devant Dusseldorf.

La première colonne, venant de Maëstricht (division Duhesme, 10 bataillons), forma la garnison de Cologne. La deuxième colonne (division Chapsal) campa à gauche de cette ville. Trois bataillons rejoignirent la division Hatry dont ils faisaient précédemment partie.

Le général Hardy, avec six bataillons[1] et le 22e régiment de cavalerie, alla rejoindre la division Marceau, chargée de garder le Rhin depuis Andernach jusqu'à Cologne.

Cette armée victorieuse qui, depuis le 26 juin, avait gagné six batailles rangées, forcé huit places fortes et conquis dix provinces, était menacée de mourir de faim, de froid et de misère[2].

Gillet au comité.

« Nous avons maintenant à lutter contre la mauvaise saison, la famine, le défaut de vêtements pour la troupe. Il n'existe aucun magasin, le pays est épuisé, l'armée vit au jour le jour du produit des réquisitions; les communications deviennent chaque jour plus difficiles par le délabrement des chemins. Tous les chevaux périssent faute de fourrages; les soldats sont nus, ils manquent d'habits et de souliers, leur courage brave tous les obstacles, mais comment les exposer au bivouac dans cet état de détresse, au milieu d'une saison aussi rigoureuse ! Ce serait les mener à la mort.

---

[1] 3e bataillon de la 9e légère; 3e du Nord; 2e des volontaires nationaux; 6e et 8e du Pas-de-Calais; 10e de Paris.

[2] *Jourdan à Gillet.*

14 novembre.

« J'ai vu le général de l'armée du Nord; il a plus de troupes qu'il ne lui en faut, et si les deux armées restent près l'une de l'autre, elles mourront de faim. La disette qu'éprouve Kléber est la même pour toute l'armée; nous sommes sans souliers, sans habits, sans chapeaux, sans fourrages, à la veille de manquer de subsistances; si on ne veut pas laisser périr l'armée, il faut qu'elle entre en quartiers d'hiver. »

JOURDAN.

Les maladies en feraient périr cent fois plus que le fer ennemi, et nous n'aurions pas d'armée pour la campagne prochaine. Il fallait au moins cantonner. »

GILLET.

On cantonna.

Le 24 novembre, la division Lefebvre fut envoyée sur la Meuse, de Ruremonde à Faulquemont; la division de cavalerie Dubois (7 régiments) fut échelonnée le long de la Roër.

Trois divisions bordèrent le Rhin depuis Andernach jusqu'à Neuss, et quatre autres depuis Neuss jusqu'à Berwick.

Une douzième division tenait garnison dans Liége, Maëstricht, Aix-la-Chapelle et Juliers [1].

Cantonnements.

Le service et l'emploi du temps des troupes dans les cantonnement fut réglé par un ordre de Jourdan. Ses lieutenants complétaient cet ordre par des instructions minutieuses, afin qu'on travaillât, pendant ces loisirs forcés, à l'instruction théorique de tous ces soldats victorieux, dont la plupart n'avaient pas six mois de service.

Aile gauche.

Service dans les cantonnements.

« La journée d'aujourd'hui sera particulièrement employée à *établir et à relever les postes le long du Rhin;* les généraux de brigade se concerteront ensemble sur cet objet et placeront les postes eux-mêmes. Les troupes ne pourront entrer dans leurs cantonnements qu'après que ce travail préliminaire aura été assuré.

On mettra *la plus grande méthode dans la distribution du logement*, afin que le capitaine se trouve, autant que possible, au centre de sa compagnie, le chef de bataillon au centre de son bataillon, et le chef de brigade au centre de la brigade.

Il y aura régulièrement *deux appels par jour;* l'un à midi, l'autre une demi-heure après la retraite, ils seront toujours faits en présence d'un des officiers de la compagnie, et les hommes qui ne se trouveront pas présents à ces appels seront rigoureusement punis.

---

1 *Gillet au comité.*

Cologne, 24 novembre.

« Voilà, chers citoyens, notre position actuelle; je voudrais qu'il fût possible de faire mieux, mais les forces humaines ont des bornes. La saison et le défaut des subsistances et d'habillement, l'impéritie ou la négligence des administrateurs nous contrarient plus que tous les coalisés; si les moyens ne nous avaient pas manqué, nous serions à Amsterdam; rien n'était capable de nous en empêcher. »

GILLET.

Les gardes seront relevées à midi; l'inspection des gardes montantes se fera à dix heures du matin par le capitaine, assisté de tous les officiers, et les gardes descendantes rentreront dans le meilleur ordre à leurs quartiers respectifs.

On établira, autant que faire se pourra, les *corps de garde dans des maisons isolées,* le plus près possible de la rive du Rhin. Les consignes de chaque poste seront données par écrit et collées en dedans de la porte de la maison désignée pour le corps de garde.. Au cas où il n'y aurait pas de maison assez voisine, il sera fait une baraque en planches ou en terre pour servir à cet effet; la baraque du commandant du poste renfermera également la consigne de ce poste.

La consigne de ces postes sera d'observer attentivement l'ennemi sur la rive droite du Rhin, de le surveiller dans tous les mouvements qu'il pourrait faire, de prêter la plus grande attention au rassemblement de ses troupes et des bateaux dont il peut disposer sur ce fleuve, afin d'en rendre compte sur-le-champ au général Kléber, commandant le corps d'armée.

Tous les bateaux construits sur la rive gauche seront soigneusement rassemblés, enchaînés en avant de chaque poste et fixés par des cadenas; une sentinelle les gardera jusqu'à ce que le général Kléber ait pris des dispositions pour les mettre à couvert.

Chaque général de division fera son rapport au général Kléber sur le nombre et l'espèce de bateaux qu'il trouvera sur l'étendue de son front.

Le général Boisset, commandant la cavalerie, donnera des ordres pour qu'il soit attaché à chaque poste principal un petit *piquet de troupes à cheval,* afin de porter rapidement les nouvelles d'un poste à l'autre.

Chaque lieu de cantonnement aura sa *garde de police;* elle sera assez considérable pour fournir les patrouilles qui doivent être faites dans l'arrondissement, pour assurer la sûreté des personnes et des propriétés.

Le service des postes se faisant avec autant de négligence que d'ignorance; il y aura une *école de théorie* relativement à ce service, et après l'inspection des gardes on répétera chaque fois aux soldats ce qu'ils ont à faire à l'approche d'une troupe, du représentant du peuple, des officiers généraux de visite, des patrouilles et des rondes.

Le service des patrouilles sur la rive gauche du Rhin sera organisé de manière qu'il en sorte une de demi-heure en demi-heure et que ces patrouilles se croisent continuellement.

Les généraux adopteront à cet effet le *système des marrons;* ils donneront pour leur corps une instruction particulière, détaillée et positive; ils en feront surveiller l'exécution par les officiers supérieurs qui seront commandés pour le service tant de jour que de nuit; en un mot, ils ne négligeront rien pour prévenir les entreprises que pourrait faire l'ennemi et le bien recevoir, s'il avait la témérité de tenter quelque chose. Il y aura également une *école de théorie par demi-brigade, pour les officiers et les sous-officiers,* relativement aux manœuvres et au maniement des armes; la surveillance de ces différentes écoles est plus particulièrement recommandée aux généraux de brigade.

Il sera déterminé dans chaque lieu de cantonnement un local propre à l'*exercice des recrues,* ces derniers y seront rassemblés et exercés tous les jours.

Les généraux de brigade profiteront des jours de service pour faire faire des *promenades militaires* et des *évolutions générales* à leurs brigades respectives.

Les généraux se rendront, avec les chefs de brigade, les chefs de bataillon et les adjudants-majors, sur les lieux où doivent se rassembler les troupes sous leurs ordres en cas d'alerte, et ils auront soin de faire jalonner le terrain qu'occupera dans ce cas la troupe en bataille; les jalons seront plantés de manière à être vus pendant la nuit.

Les généraux parcourront, avec les mêmes officiers, non-seulement le terrain qui leur est immédiatement confié, mais encore celui des troupes qui sont à leur droite et à leur gauche, afin qu'en se le rendant familier, ils puissent prévenir toutes les confusions qu'entraîneraient les manœuvres qu'ils pourraient avoir à faire la nuit, pour s'opposer à quelque entreprise de l'ennemi.

La chasse sera sévèrement défendue aux militaires; leur amour pour la patrie doit suffire pour qu'ils comprennent combien ils doivent être avares des moyens qui assurent nos succès. Ils doivent sentir que la poudre est uniquement destinée à la destruction de nos ennemis. Les chasseurs civils, qui ne seront pas munis de permissions des officiers généraux pour chasser sur les derrières, seront arrêtés, désarmés et conduits dans les prisons de Cologne.

Le général Kléber a vu avec surprise que dans quelques bataillons il est *un tiers de soldats qui manquent de baïonnettes;* cette négligence l'affecte d'autant plus que déjà, devant Maëstricht, il a fourni à chaque bataillon les moyens de compléter son armement. Il renouvelle cet avis aujourd'hui, et il compte sur le zèle des officiers généraux et sur les sentiments des officiers des bataillons pour veiller à ce qu'aucun soldat ne perde sa baïonnette. Ceux qui la perdront, la paieront sur leur prêt.

Le général en chef recommande également aux officiers supérieurs de *faire munir chaque tambour d'une caisse en cuivre avec les baguettes.* Les généraux tiendront scrupuleusement la main à cet objet, qui est plus important qu'on ne pense.

Il répète aux conseils d'administration des demi-brigades de se procurer, autant qu'il est en eux, *la chaussure et l'habillement* dont ils peuvent avoir besoin; de former des demandes à leurs généraux de brigade, pour les fonds qui leur seront nécessaires. Ces demandes, envoyées aux généraux de division, seront adressées par eux au général Kléber, qui mettra tout en œuvre pour qu'on y fasse droit.

Il faut enfin que les officiers généraux et les conseils d'administration s'entendent pour ne négliger aucun moyen de mettre les troupes en état de commencer la campagne prochaine avec l'habillement, l'équipement et les armes dont chaque soldat doit être pourvu.

De son côté, le général Kléber prend des mesures pour tirer des magasins des convois d'habillement et des chaussures, qu'il fera distribuer dans les divisions dès qu'ils lui seront arrivés.

KLÉBER.

D'autre part, les sections de la poste, la division du trésor, l'ambulance, les lieux de manutention, avaient été désignés, pour la plus grande commodité des troupes et la célérité de tous les services.

Jourdan avait prescrit à chacun de ses généraux ce qu'il aurait à faire si l'ennemi voulait entreprendre le passage du Rhin.

Des signaux avaient été établis pour la prompte transmission des ordres et des avis. On avait retranché les points qui offraient des facilités à l'ennemi pour le passage du fleuve.

Le grand parc de l'armée avait été réparti entre cinq places : Juliers, Maëstricht, Aix-la-Chapelle, Liége et Namur.

Deux petits parcs d'approvisionnement avaient été placés à Bergheim et à Kempen pour les divisions chargées de garder la rive gauche du Rhin[1].

Ces sages précautions, cette entente des moindres détails, prouvent à quelle école étaient formés les généraux de Sambre-et-Meuse. La plus grande gloire en revient à Jourdan, leur chef vénéré, à ce héros modeste, que l'histoire a relégué au second rang malgré son admirable campagne de 1794, mais qui n'en restera pas moins une des plus nobles figures de cette merveilleuse époque.

[1] Ordre général, du grand quartier de Cologne, signé par Ernouf, général de division, chef d'état-major de Jourdan.

Paris. — Imprimerie de J. DUMAINE, rue Christine, 2.

RÉPERTOIRE

DES NOMS CITÉS DANS LA CAMPAGNE D'AUTOMNE

DE 1794.

RÉPERTOIRE.

SITUATION

DE L'ARMÉE DE SAMBRE-ET-MEUSE

au 15 septembre 1794.

1° Aile droite.

Général SCHÉRER.

Division HAQUIN (général de brigade) :

21e demi-brigade (1er et 2e bataillon).
85e — (2e et 3e bataillon),
1er bataillon de la Haute-Vienne.
11e — des Vosges.
1er — de l'Eure.
86e demi-brigade (2e bataillon).
7e bataillon du Doubs.
2e — des Deux-Sèvres.
5e et 6e — de l'Yonne.
3e régiment de dragons.

Généraux de brigade : BASTOUL, SCHŒMEREL.

Effectif des présents sous les armes : 9,668.

Division MARCEAU :

26e demi-brigade (1er et 3e bataillons).
26e bataillon d'infanterie légère.
9e demi-brigade d'infanterie légère.
172e — (3 bataillons).
2e bataillon du Nord.
1er régiment de dragons.
20e — de chasseurs.
15e régiment de cavalerie.
Détachement d'artillerie légère.

Généraux de brigade : HARDY, LORGE, NALÈCHE.

Effectif des présents sous les armes ; 8,852.

Division MAYER :

162e demi-brigade.
1er bataillon de la Meurthe.
45e demi-brigade (1er bataillon).
10e bataillon d'infanterie légère.
7e — de la Seine-Inférieure.
6e — du Nord.
4e — de l'Aisne.
1er — de la Vendée.
11e — d'infanterie légère.
16e demi-brigade d'infanterie légère (1er bataillon).
Détachement du 25e régiment de cavalerie.

Généraux de brigade : THORY, LECOURBE.

Effectif des présents sous les armes : 8,165.

2° Centre.

Sous le commandement direct du général en chef JOURDAN.

Division LEFEBVRE :

16e demi-brigade d'infanterie légère (2e bataillon).
13e demi-brigade d'infanterie légère.
80e demi-brigade de ligne.
149e — —
5e — (1er bataillon).
33e — (2e bataillon).
99e demi-brigade (2e bataillon).
1er régiment de chasseurs à cheval.
6e —
9e —
19e —
Légion de la Moselle.
Gendarmerie nationale.
19e compagnie d'artillerie légère.

25e compagnie d'artillerie légère.
8e bataillon de sapeurs du génie (8e compagnie).

Généraux de brigade : LEVAL, JACOPIN, D'HAUTPOUL, DEDELLE.

Effectif des présents sous les armes :
11,958.

Division CHAMPIONNET :

59e demi-brigade.
94e —
132e —
181e —
1er régiment de dragons.
4e — de cavalerie.
2e compagnie d'artillerie légère.
Une demi-compagnie de sapeurs.
Gendarmerie nationale.

Généraux de brigade : LEGRAND, GRENIER, LERIVINT.

Effectif des présents sous les armes :
10,197.

Division MORLOT :

1re demi-brigade de ligne.
31e —
110e —
177e —
10e régiment de cavalerie.
14e — de dragons.
30e compagnie d'artillerie légère.
8e bataillon de sapeurs (7e compagnie).

Généraux de brigade : SIMON, OLIVIER.

Effectif des présents sous les armes :
10,083.

Division HATRY :

179e demi-brigade.
27e — (1er bataillon).
44e — (1er bataillon).
58e — (2e bataillon).
3e bataillon de la Moselle.
9e — du Doubs.
3e bataillon de la Côte-d'Or.
6e — de Seine-et-Oise.
2e — du Loiret.
1er — du Bas-Rhin
1er — du Lot-et-Garonne.
2e — de la Moselle.
4e — du Var.
9e — de la Meurthe.
11e régiment de chasseurs.
11e — de dragons.
23e — de cavalerie.
Gendarmerie nationale.
3e compagnie d'artillerie légère.
8e bataillon de sapeurs (4e compagnie).

Généraux de brigade : CHAPSAL, BONNET.

Effectif des présents sous les armes :
13,586.

Division de cavalerie DUBOIS :

6e régiment de cavalerie.
7e —
8e —
16e —
25e —
12e régiment de dragons.
20e —
3e régiment d'artillerie légère (3e compagnie).
8e régiment d'artillerie légère (3e compagnie).

Généraux de brigade : SOLAND, GAUDIN.

Effectif des présents sous les armes :
3,239.

Réserve d'artillerie (général BOLLEMONT) :

Artillerie de Paris.
Artillerie de position.

Effectif des présents sous les armes :
4,945.

Troupes du quartier général :

Guides de l'armée.
Force publique.

Effectif des présents sous les armes : 96.

3° Aile gauche.

Général KLÉBER.

Avant-garde de BERNADOTTE :

71e demi-brigade.
72e — —
21e — (3e bataillon).
32e bataillon d'infanterie légère.
3e régiment d'artillerie légère (2e compagnie).
8e régiment d'artillerie légère (2e compagnie).
13e régiment de cavalerie.
2e — de hussards.
4e — —
7e — de dragons.
32e division de gendarmerie.
34e — —
7e régiment de sapeurs du génie (3e compagnie).

Général de brigade : BOYER.

Effectif des présents sous les armes : 9.215.

Division DUHESME (général de brigade) :

4e bataillon de chasseurs francs.
93e demi-brigade.
111e —
123e —
2e régiment de chasseurs.
Détachement du 17e régiment de cavalerie.
Une compagnie de sapeurs du génie.

Général de brigade : DAURIER.

Effectif des présents sous les armes : 7,663.

Division RICHARD :

1er bataillon de chasseurs du Hainaut.
127e demi-brigade.
128e —
97e —
35e —
16e régiment de chasseurs à cheval.
12e — —
8e régiment d'artillerie légère (1re compagnie).

Généraux de brigade : PONCET, BOISSET.

Effectif des présents sous les armes : 9,961.

Division FRIANT :

33e demi-brigade.
49e —
161e —
74e — (2e bataillon).
2e bataillon de la Somme.
5e — des Vosges.
22e régiment de cavalerie.
Une compagnie de sapeurs.

Généraux de brigade : BRUSSETTE, GENCY.

Effectif des présents sous les armes : 8,769.

Effectif total des présents sous les armes.		
	Infanterie..	94,554
	Cavalerie. .	15,253
	Artillerie. .	6,593
	Ensemble..	116,390

(*Archives historiques du Dépôt de la Guerre*).

Corps cités pendant la campagne d'automne de 1794.

INFANTERIE.

71e demi-brigade de ligne, *bataille d'Aldenhoven*, 2 octobre, page 44.
4e bataillon de chasseurs à pied, *siége de Maëstricht*, nuit du 9 octobre, p. 51.
1er bataillon de chasseurs du Hainaut, — 23 octobre, p. 65.
93e demi-brigade de ligne, — — p. 67.
49e — — nuit du 25 au 26 octobre, p. 68.

CAVALERIE.

4e et 14e dragons, *bataille d'Aldenhoven*, 2 octobre, p. 41.
3e chasseurs, *siége de Maëstricht*, nuit du 9 octobre, p. 52.
12e chasseurs, — *passim*.

ARTILLERIE.

8e d'artillerie légère (2e compagnie), *bataille d'Aldenhoven*, 2 octobre, p. 44.

TABLE DES MATIÈRES.

I

FIN DE LA CAMPAGNE D'ÉTÉ.

II

INVESTISSEMENT DE MAESTRICHT.

III

RALLIEMENT DE L'ARMÉE DE SAMBRE-ET-MEUSE.

IV

LA BATAILLE D'ALDENHOVEN; CONQUÊTE DE LA RIVE GAUCHE DU RHIN.

V

L'ARMÉE SOUS MAESTRICHT.

VI

JOURNAL DU SIÉGE.

VII

LA CAPITULATION.

VIII

L'ARMÉE DE SAMBRE-ET-MEUSE PREND SES QUARTIERS D'HIVER.

Paris. — Imprimerie de J. Dumaine, rue Christine, 2.

www.ingramcontent.com/pod-product-compliance
Lightning Source LLC
LaVergne TN
LVHW020338230826
846091LV00003B/926

* 9 7 8 2 0 1 2 8 9 5 4 4 7 *